U0948094

“十三五”高等职业院校经济与贸易类融岗式示范教材

商务谈判

主　编　黄秀丹　张　鑫

中国财富出版社

图书在版编目（CIP）数据

商务谈判／黄秀丹，张鑫主编．—北京：中国财富出版社，2017.5

（“十三五”高等职业院校经济与贸易类融岗式示范教材）

ISBN 978－7－5047－6464－5

Ⅰ.①商… Ⅱ.①黄… ②张… Ⅲ.①商务谈判—高等职业教育—教材 Ⅳ.①F715.4

中国版本图书馆 CIP 数据核字（2017）第 107632 号

策划编辑 寇俊玲 **责任编辑** 赵 翠

责任印制 方朋远 **责任校对** 孙丽丽 **责任发行** 王新业

出版发行 中国财富出版社

社 址 北京市丰台区南四环西路 188 号 5 区 20 楼 **邮政编码** 100070

电 话 010－52227588 转 2048/2028（发行部） 010－52227588 转 307（总编室）

010－68589540（读者服务部） 010－52227588 转 305（质检部）

网 址 http://www.cfpress.com.cn

经 销 新华书店

印 刷 北京京都六环印刷厂

书 号 ISBN 978－7－5047－6464－5/F・2755

开 本 787mm×1092mm 1/16 **版 次** 2017 年 6 月第 1 版

印 张 8.75 **印 次** 2017 年 6 月第 1 次印刷

字 数 181 千字 **定 价** 24.00 元

版权所有・侵权必究・印装差错・负责调换

前　言

根据《国家中长期教育改革和发展规划纲要》的要求，高等职业教育必须加快课程体系改革和教材建设的步伐，建立符合时代特征和具有我国特色的职业教育新思想、新模式、新课程体系。鉴于此，辽宁经济职业技术学院国际贸易专业的教师在刘安华主任的带领下，以示范校建设（国际贸易实务重点专业建设）为契机，编写了这套规划教材。本套教材包括《国际贸易实务》《外贸单证实务》《外贸英语函电》《报关实务》《报检实务》《外贸跟单实务》《国际商法》《商务谈判》《外贸英语对话》《国际货运代理实务》10 本，适用于高等职业院校国际经济贸易、国际商务、国际贸易实务、经贸外语、经济管理等专业的学生。

本教材由辽宁经济职业技术学院黄秀丹、嘉兴南洋职业技术学院张鑫主编，具体分工如下：黄秀丹（模块一、模块二、模块三、模块四、模块五），张鑫（模块六、模块七、模块八），全书由黄秀丹统稿。

本教材立足高等职业院校以培养高端技能型人才为主的根本任务，按照实际工作过程，以模块导向、任务驱动来设计体例，安排教学内容。全书包括 8 个模块，分别就商务谈判知识储备、商务谈判人员素质及能力、准备、开局、磋商等进行了全面的阐述，内容吸纳了最新的商务谈判知识和技能。

本教材结构清晰，思路独特，有很强的实用性，可作为高职高专院校国际贸易、报关与货运等财经类专业的教科书，亦可供从事国际贸易类各专业技术人员作为自学参考用书。

编　者

2017 年 3 月

目　录

调查显示，2016 年人力成本占重点物流企业主营业务成本的 19%，是企业重要的成本支出之一。与上年相比，45.2% 的企业反映变化不大，40.8% 的企业反映增长，人力成本支出总体呈上升趋势。（如图 15 所示）

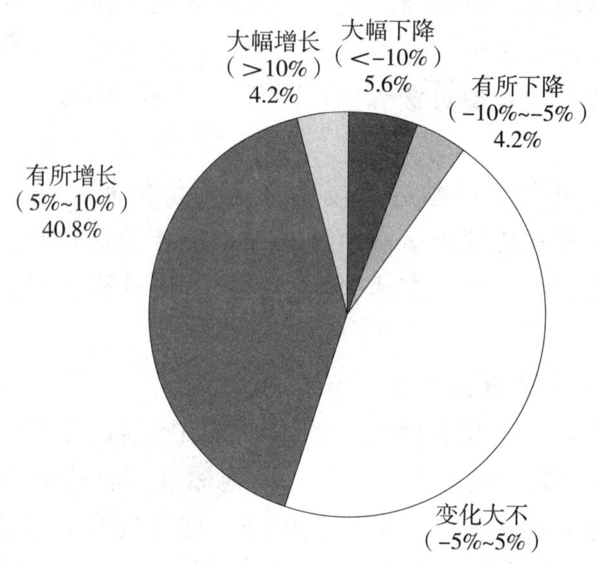

图 15　2016 年重点物流企业人力成本与 2015 年相比情况

调查显示，企业“五险一金”占人力成本的比例平均为 24.3%，接近企业人力成本的 1/4。

与往年相比，企业招聘操作型员工，39.2% 的企业反映难度一般，36.7% 的企业反映有难度。企业招聘管理型员工，51.2% 的企业反映难度一般，32.9% 的企业反映有难度。企业招聘员工难度在逐年增加。2016 年重点物流企业招聘员工与上年相比情况如表 4 所示。

表 4　2016 年重点物流企业招聘员工与上年相比情况

	很难	比较难	一般	比较容易	非常容易
操作型员工	3.4%	33.3%	39.2%	21.8%	2.3%
管理型员工	4.5%	28.4%	51.2%	13.6%	2.3%

与往年相比，企业操作型员工流失程度，57.8% 的企业反映一般，28.9% 的企业反映严重。企业管理型员工流程程度，60% 的企业反映一般，28.2% 的企业反映无影响。企业员工特别是操作型员工流失日益普遍。2016 年重点物流企业员工流失与上年相比情况如表 5 所示。

模块一　商务谈判知识储备

学习目标

知识目标：

认识商务谈判，了解商务谈判的内容，掌握商务谈判的过程。

能力目标：

能够正确认识商务谈判，掌握谈判的基本要素，树立现代商务谈判观念。

任务一　初识商务谈判工作

任务导入

李刚，2016年毕业于辽宁经济管理干部学院国际贸易实务专业。毕业后进入沈阳天天进出口贸易公司从事外贸销售工作。作为一名刚刚走上工作岗位的大学生，李刚有太多的业务需要学习，首先要熟悉自己目前工作岗位的内容及要求。其次，鉴于自身的专业发展和未来岗位能力的需要，还要掌握谈判业务。那么，什么是商务谈判呢？

相关知识

一、谈判的概念

（一）谈判的含义

商务谈判是指人们为了协调彼此之间的商务关系，满足各自的商务需求，通过协商对话以争取达成某项商务交易的行为和过程。

谈判，已深入到社会生活的各个领域。如为了成交一笔买卖而进行的业务洽谈；为了达成互利、互助或合作经营的协议而进行的讨论磋商；为了解决某项争端或改善与某个外部组织的关系而进行的交涉、协商和调解等，这一切活动都可以叫作谈判。

小案例

有一位教徒问神父：“我可以在祈祷时抽烟吗?”神父面露愠色，严厉斥责这位教徒对神不尊敬。之后，另一位教徒又去问神父：“我可以在吸烟时祈祷吗?”神父听后非常高兴，欣然同意了他的请求，并称赞这位教徒诚心可嘉。为什么两个教徒有着相同的目的，却得到了截然相反的结果呢？究其原因就是表达方式的不同，给谈判对方带来了不同的意思表示。这虽然是一则笑话，但也告诉我们要注意谈判的艺术性，谈判切入点和语言表达的不同往往会带来意想不到的结果。

（二）谈判的动因

1. 追求利益

谈判是一种具有明确目的性的行为。这里，最基本的目的就是追求自身的利益，人们的利益需要是多种多样的，从内容看，有物质需要、精神需要；从层次看，有生理需要、安全需要、社交需要、尊敬需要、自我实现需要；从时间看，有短期需要、长期需要；从主体看，有个人需要、组织需要、国家需要等。人们的种种利益需要，有些可以依靠自身及其努力来满足，但是，更多的需要则必须与他人进行交换。显然，这种交换的直接动因是为了利益需要得到更好的满足。

其实，在利益需要的交换中，双方或各方都是为了追求自身的利益目标，就一方而言，当然是要追求自身利益的最大化。但是，这种自身利益的扩大如果侵害或者不能保证对方的最低利益，对方势必退出，利益交换便不能实现。可见，在利益交换中，有关各方追求并维护自身的利益是谈判的首要动因。

2. 谋求合作

谋求合作可分为短期合作与长期合作，其本质就是维系合作各方的关系。在现实生活中，由于社会分工、发展水平、资源条件、时空制约等因素的存在，人们及各类组织乃至地区或国家之间，往往形成形式各样的依赖关系，例如，一方生产某产品，另一方正需要该产品；一方拥有农产品但需要工业品，另一方拥有工业品而需要农产品；一方拥有市场但需要技术，另一方拥有技术而需要市场等。这种相互差异，为各方发挥优势、实现互补提供了客观依据。

当今时代，科学技术的发展和社会的进步，出现两种平行的趋势：一是社会分工日益明确，生产和劳动的专业化日益提高；二是社会协作日益紧密，人们之间的相互依赖性日益增强。在这种社会生活相互依赖关系不断增强的客观趋势下，人们某种利益目标的实现和实现的程度，不仅取决于自身的努力，还取决于与自身利益目标相关的各方面的态度和行为，取决于彼此之间的互补合作。相互之间的依赖程度越强，就越需要加强相互的合作。可见，社会依赖关系的存在，为相互间的互补合作提供了可能性，正是这种在相互依赖的可能中谋求合作的必要性，成为了谈判的重要动因。

3. 寻求共识

借助他人的资源满足自身的利益需要，必然出现利益归属的要求和矛盾。随着社会文明进程和社会生活的依赖关系及观念的增强，人们越来越认识到“对抗”不是解决矛盾的理想方式，它不仅会造成许多严重的后果，还会留下诸多遗憾，而现在人们在面对矛盾时，大多会采用谈判的方式去解决：人们也越来越认识到应该抛弃对抗，谋求合作才是处理社会联系和相互依赖关系的明智之举，而商务谈判正是实现互利的最佳方式。

谈判行为的特征是平等协商，即在相互依赖的社会关系中有关各方的地位相对平等，并在此基础上彼此进行一定的商讨和沟通，来寻求互利合作，以最终形成双方都认可和接受的交换条件与实施程序。

二、谈判的原则

1. 尽量扩大总体利益

在谈判的过程中，谈判双方首先应一起努力扩大双方的共同利益，而后再来讨论与确定各自分享的比例，这也就是谈判界常说的“把蛋糕做大”。成功的谈判在很大程度上取决于把蛋糕做大，通过双方的努力降低成本、减少风险，使双方的共同利益得到增长，这将使双方都有利可图。项目越大、越复杂，把蛋糕做大的可能性也就越大。

2. 善于营造公开、公平、公正的竞争局面

在谈判中，应避免出现谈判伙伴选择单一、“一棵树上吊死”的情况，要善于营造公开、公平、公正的竞争局面，以利于扩大自己选择的余地，也有利于打破垄断，避免出现因不了解情况而陷入被动的局面。实践证明：营造公开、公平、公正的竞争局面，可以为人们赢得谈判的主动，避免出现可能的机会成本损失，争取最有利的合作条件。

3. 明确目标，善于妥协

在谈判中，人们经常会发现，由于双方对同一问题的期望存在差异而导致谈判进程受阻。事实上，在很多情况下，双方只要认准最终目标，在具体的问题上完全可以

采取灵活的态度、变通的办法，使问题迎刃而解。妥协有些时候是种让步，而在某些时候则又仅仅是为了寻求折中的替代方案。这就要求人们不应在自己的立场上固执己见，而应积极去寻找隐藏于各自立场背后的共同利益。

4. 讲究信用

诚实可信、言而有信、信誉至上是谈判中非常重要的原则，“人无信难立，买卖无信难存”，谈判者应言而有信，行必有果。良好的信用能给谈判对手以信任感，从而使双方消除疑虑和分歧，尽快地达成一致。如果没有信用，彼此之间相互猜疑，这无疑将破坏谈判的合作气氛，使谈判陷入困境，最终导致谈判的破裂。

5. 求同存异

谈判是谈判双方为了谋求观点、利益、做法等方面的一致而进行的协商。既然目标是为了谋求一致，那么在谈判之前，双方就必然会在各方面存在着“同”与“异”。因此，为了实现成功的谈判，谈判者就应当遵循求“大同”、存“小异”的原则。求“大同”是指谈判各方在总体上、原则上必须达成一致，摒弃细枝末节的分歧，从而使参与谈判的各方都感到满意，这是谈判成功的基础。没有这一基础，谈判必然失败。存“小异”，就是谈判双方必须做出适当的让步，使得与自己的利益要求不一致的“小异”，也允许存在于谈判协议之中。谈判双方应该在关心自身利益的同时，也注重对方的利益，双方根据需要与可能，有来有往、互通有无，在不同中找到平衡点最终达到双方互利的局面。

三、谈判的类型

商务活动中可进行交易的项目品种繁多，谈判的形式亦多种多样，故根据不同的标准，可将商务谈判划分为不同的类型，其划分的目的在于根据不同的谈判特征和要求，采取有效的谈判策略，可争取谈判的主动权。即谈判类型的把握是获得谈判成功的起点。

（一）个体谈判和集体谈判

根据参谈人数划分，可以将谈判分为个体谈判和集体谈判，如表 1 – 1 所示。

表 1 – 1　　两种谈判方法的比较

类型	内容
个体谈判	一对一的个体谈判是指由谈判双方各派出一位代表出面谈判。它主要适用于非重要或非正式的场合，如简单的业务洽谈、事务性沟通
集体谈判	多人参加的集体谈判是指每一方都由两个以上的人员参加谈判。它适用于正式的、较大规模的谈判场合

（二）投资谈判、货物买卖谈判、技术贸易谈判和劳务合作谈判

根据商务谈判涉及的内容，可以将谈判分为投资谈判、货物买卖谈判、技术贸易谈判和劳务合作谈判，如表1－2所示。

表1－2 四种谈判方法的比较

类型	内容
投资谈判	投资谈判是指谈判双方就共同参与或涉及的投资活动，以及其所涉及的有关投资周期、方向、方式、内容、条件、投资项目的经营、管理以及投资者在投资活动中的权利、义务、责任等内容进行的谈判
货物买卖谈判	货物买卖谈判是指一般商品的买卖谈判，即买卖双方就买卖货物所涉及的有关内容，如质量、数量、货物的转移方式、时间，买卖的价格条件、支付方式以及交易过程中双方的权利、责任和义务等内容进行的谈判
技术贸易谈判	技术贸易谈判是指技术转让方与技术接受方就转让技术的形式、内容、质量、价格条件以及双方在转让过程中所承担的一些权利、责任和义务等问题进行的谈判
劳务合作谈判	劳务合作谈判是指劳务合作双方就劳务提供的形式、内容、时间、劳务的价格、计算方法、劳务费的支付方式以及有关合作双方涉及的权利和义务关系等问题所进行的谈判

（三）主场谈判、客场谈判和中立地谈判

主场谈判是指对谈判的某一方来讲，谈判是在其所在地进行，其为东道主。相反的，对于谈判的另一方而言则是客场谈判，其是以宾客的身份前往进行谈判的。所谓中立地谈判是指在谈判双方所在地以外的其他地点进行谈判。主场谈判对东道主的优势主要有以下三点：①己方不会存在对语言、气候、饮食、文化等方面不适应的问题；②己方在信息沟通方面也较为便利；③可以通过对己方有利的安排来掌握谈判的主动权。除此之外，在实际谈判地点的选择中，还有主、客场轮流的方式。如在购销谈判中，开始把谈判地点设在卖方所在地，等进入签约阶段，再将谈判地点设在买方所在地。

（四）民间谈判、官方谈判和半官半民谈判

根据商务谈判中政府参与程度的不同，可以将谈判分为民间谈判、官方谈判和半官半民谈判，如表1－3所示。

表 1－3　三种不同的谈判方法

类型	内容
民间谈判	民间谈判是指谈判各方的代表由私营企业、群众团体或组织指派。谈判活动是企业本身的业务活动，不涉及政府，交易的内容纯属两个或多个企业之间经济利益的谈判
官方谈判	官方谈判是指谈判各方的代表是由有关政府或由有关政府下属的企、事业单位委派，所涉及的内容具有官方性质的谈判。负责此类谈判的可以是政府机构，也可由国家控股企业承担，甚至可委托私营企业执行
半官半民谈判	半官半民谈判是指谈判所负担的谈判任务涉及官方和民间两个方面的利益，或者由官方人员和民间人士共同参加的谈判，或受官方委托以民间名义组织的谈判。官方民间活动主要是涉及经济贸易的活动

（五）让步型谈判、立场型谈判和原则型谈判

根据谈判中双方所采取的态度和方针，可以将谈判划分为让步型谈判（软式谈判）、立场型谈判（硬式谈判）和原则型谈判（价值型谈判）三种类型，如表 1－4 所示。

表 1－4　三种谈判方法的比较

	让步型	立场型	原则型
视对手	为朋友	为敌人	问题的共同解决者
目标	达成协议	赢取胜利	圆满解决问题
手段	对人和事都温和	对人和事都强硬	对人温和、对事强硬
立场	轻易改变	坚持不变	重点放在利益上而不是立场上
做法	提出建议	威胁对方	共同探究共同性利益
方案	找出对方能接受的方案	找出自己能接受的方案	规划多种方案供双方选择
结果	屈服于对方的压力	施加压力使对方屈服	屈服于原则而不是压力

四、谈判的基本要素

谈判要素，通常由谈判当事人、谈判议题和谈判背景三个要素组成。

（一）谈判当事人

谈判当事人是指参与商务双方派出的人员。另外，有些商务谈判是一种代理或委托活动，代理人充当卖方（或买方）的发言人，在买卖双方中起中介作用，在这种情

况下代理人也称为商务谈判的当事人。当事人是商务谈判的主体。

（二）谈判议题

谈判议题是指谈判需商议的具体问题，是各种物质要素结合而成的各种内容。谈判议题是谈判的起因、内容和目的，并决定当事各方谈判的人员组成及其策略，所以，是谈判活动的中心。若无议题，谈判显然无从开始，也无法进行。

（三）谈判背景

谈判背景是指谈判所处的环境，也就是进行谈判的客观条件。任何谈判都不可能孤立地进行，其必然处在一定的客观条件之下并受其制约。因此，谈判背景对谈判的发生、发展及结局均有重要的影响，是谈判不可忽视的要件。

五、谈判的特征

（一）以经济利益为目的，以价格问题为核心

这是商务谈判区别于其他谈判的主要特点。商务谈判发生的根本原因在于人们追求经济上的需要，其目的决定了当事人都必然是讲究经济效益，力争多得一些，少给一些。

（二）“冲突”与“合作”的对立统一

由于利益上的冲突，商务谈判中双方的行为企图一般都具有排斥性（冲突），在谈判桌上，竞争与抗衡是第一位的。因为，没有冲突也就没有必要谈判。相反，如果仅有排斥与冲突，没有协商与合作，谈判也是进行不下去的。也就是说，谈判双方的利益既有统一的一面，又有冲突的一面，所以，谈判成功对双方都有利，是一个双赢的结局。这就要求谈判双方要互相配合、共同努力。

（三）协商使双方的利益逐步靠近

在谈判中，双方都会意识到“冲突”与“合作”是一对不可或缺的矛盾，要解决这对矛盾，最好的办法就是协商，而谈判的过程就是一个不断协商的过程。所谓协商的过程也就是一个调整各自需求和利益的过程，换句话说，是一个互相逐渐让步、逐渐妥协的过程。

（四）得利有节，让步有界

在商务谈判中，每一方的退却和让步都有一定的界限，超越这一界限你的利

益可能会受到损害或劳而无功。换句话说，双方对希望取得的利益都会有一个最低的目标，而对准备给予对方的利益也都有一个最高的目标。这希望取得的最低利益与所能给予的最高利益实际上是一致的，如果说谈判需要弹性，“弹”到这一步便没有退路了。

如果一方企图突破对方的最后防线，结果往往事与愿违，导致谈判失败，自己也一无所获。

（五）谈判者及其策略技巧是决胜谈判的重要因素

在商务谈判中，双方输赢的机会，从理论上而言是均等的。至于具体的结果，则受到下述各种因素的影响。

（1）客观条件：自然、政治、经济及市场等方面。

（2）各方实力：资金、设备、产品质量、销售市场，等等。

（3）谈判者的素质及谈判组的结构。

（4）策略技巧的运用。

一般而言，其中第一条、第二两条是客观存在，双方的当事人对其加以改变或影响的可能性是很低的。而第三条和第四条则具有较大的可塑性。哪一方的人员素质高，准备工作做得充分，临场发挥得好，策略技巧运用得当，往往就能争取到对自己比较有利的局面。

（六）科学与艺术的结晶

商务谈判既是一门科学，其需要精密的计算、准确的数据、严格的推理和翔实的论证，谈判桌上差之毫厘，谈判桌下就可能失之千里，对此绝对马虎不得。

与此同时它又是一门艺术，需要揣摩对方的心理，观察场上的气氛，灵活掌握原则，恰当使用策略技巧，具有原则性而又不呆板，精确而不死抠数字。极大程度地发挥自己的主观能动作用，发挥自己的创造性思维，既做得对，又做得好，这样才能取得较好的效果。

任务二　商务谈判的程序

任务导入

经过一段时间的熟悉工作，李刚已经对商务谈判的含义及具体工作有了初步的认知，接下来他将对商务谈判的具体流程进行综合分析，掌握谈判的基本程序，以便进行接下来的具体工作。

相关知识

在长期商务谈判实践的基础上，商务谈判人员将谈判的程序逐步确定下来，并以此作为工作的规范和要求。国际商务谈判的基本程序一般包括准备、开局、谈判和签约四个阶段。

一、准备阶段

简而言之，商务谈判前的准备工作就是要做到知己知彼。一场谈判能否达到预期目的，获得圆满结果，不仅要看谈判桌上有关技巧和策略的灵活运用，还有赖于谈判前充分的准备工作。后者是前者的基础，尤其是在缺少谈判经验的情况下，准备工作更为重要。在与经验丰富的谈判对手谈判时，更要重视谈判前的准备工作，以充分的准备来弥补谈判经验和技巧上的不足。准备工作的内容一般包括以下五个部分。

（一）环境因素的分析

谈判涉及政治、经济、法律、社会文化等各方面因素，对谈判的成败有很大影响。必须对这些因素进行认真分析，才能制订出相应的谈判计划。

（二）信息的收集

商务谈判中，谈判人员对谈判信息的收集、分析和利用的能力，对整个谈判活动有着极其重要的作用。在谈判信息方面占据优势的一方会把握谈判的主动权。经验丰富的谈判大师都极其重视对各种谈判信息的运用，他们对事物都具有敏锐的洞察力，并注意捕捉对方思想过程和行为方式的各种信息。

（三）目标和对象的选择

由于整个谈判活动是与谈判对象围绕谈判的议题和目标来进行，因此任何谈判方案的制订必须首先确定谈判的对象和目标，既要明确与谁谈判，又要明确通过这次谈判想获得的信息。

（四）谈判方案的制订

在了解谈判环境、谈判对手和自身的情况之后，正式进行激烈的谈判交锋之前，还需要制订出一个周全明确的谈判计划，即谈判方案。谈判方案是指在谈判开始以前对谈判目标、议程、策略所做的安排。谈判方案是指导谈判人员行动的纲领，在整个谈判过程中起重要的作用。

（五）模拟谈判

模拟谈判能使谈判人员获得实际经验，随时修正谈判中可能出现的错误，发现谈判过程中的问题，提高谈判能力。

谈判前的准备是否充分是决定商务谈判成败得失的关键。准备工作充分，谈判中就处于主动地位，谈判就能顺利进行；否则仓促上阵，往往使自己陷入被动局面，难以取得好的谈判效果。

知识链接

商务谈判模拟简化流程（全程 35 ~40 分钟）

第一部分：背对背演讲（共 4 分钟，双方各 2 分钟）

一方首先上场，利用演讲的方式，向观众和评委充分展示己方对谈判前期的调查结论、对谈判案例题的理解、切入点、策略并提出本次谈判所希望达到的目标。一方演讲结束后退场回避，另一方再上场演讲。

要求：

（1）以演讲的方式进行，控制时间。

（2）先上场顺序由赛前抽签决定。

（3）每一方演讲时间不得超过 2 分钟，离结束时间还剩 30 秒时有铃声提示。

（4）演讲由 4 位上场队员中的 1 位来完成，但演讲者不能是己方主谈。

第二部分：模拟谈判阶段（30 分钟）

1. 开局阶段（4 分钟）

此阶段为谈判的开局阶段，双方选手面对面而坐，一方发言时，另一方不得抢话头发言或以行为进行干扰。开局可以由一位选手来完成，也可以由多位选手共同完成，离结束时间还剩 1 分钟时会有铃声提示。发言时，可以展示支持本方观点的数据、图表、小件道具及 PPT 等。

开局阶段，双方应完成以下方面的阐述：

（1）入场、落座、寒暄都要符合商业礼节，相互介绍己方成员；

（2）有策略地向对方介绍己方的谈判条件；

（3）试探对方的谈判条件和目标；

（4）对谈判内容进行初步交锋；

（5）不要轻易暴露己方底线，但也不能隐瞒过多信息而延缓谈判进程；

（6）在开局结束的时候最好能够获得对方的关键性信息；

（7）可以先声夺人，但不能以势压人或者一边倒。

2. 谈判中期阶段（13 分钟）

此阶段为谈判的主体阶段，双方随意发言，但要注意礼节。一方发言的时候另一方不得随意打断，等对方发言完毕后己方再说话。既不能喋喋不休而让对方没有说话机会，也不能寡言少语任凭对方表现。双方累计时间共 15 分钟，不分开计时，离结束时间还剩 1 分钟时有铃声提示。

谈判中期阶段双方应完成：

（1）对谈判的关键问题进行深入谈判；

（2）使用各种策略和技巧进行谈判，但不得提供不实、编造的信息；

（3）寻找对方不合理以及可要求对方让步的方面进行谈判；

（4）为达成交易，寻找共识；

（5）获得己方的利益最大化；

（6）解决谈判议题中的主要问题，就主要方面达成意向性共识；

（7）出现僵局时，双方可转换话题继续谈判，但不得退场或冷场超过 1 分钟；

（8）双方不得过多纠缠与议题无关的话题或就知识性问题进行过多追问；

（9）注意运用谈判中期的各种策略和技巧。

3. 休局（3 分钟）

此阶段为谈判过程中的暂停，共 6 分钟，还剩 1 分钟时会有相关工作人员进行提示。

在休局中，双方应当：总结前面的谈判成果；与队友分析对方开出的条件和可能的讨价还价空间；与队友讨论收局阶段的策略，如有必要，对原本设定的目标进行修改。

4. 最后谈判（冲刺）阶段（10 分钟）

此阶段为谈判的最后阶段，双方回到谈判桌，随意发言，但应注意礼节。本阶段双方应完成：

（1）对谈判条件进行最后交锋，必须达成交易；

（2）在最后阶段尽量争取对己方有利的交易条件；

（3）谈判结果应该着眼于保持良好的长期关系；

（4）进行符合商业礼节的道别，向对方表示感谢。

第三部分：评委提问（5 分钟）

要求：

（1）针对谈判议题本身、谈判过程的表现、选手知识底蕴和商务谈判常识进行刁难性问题提问。

（2）进一步考察选手的知识储备、理解、应变、语言组织能力。

（3）每个问题的提问时间不超过 1 分钟，每个问题的回答时间不超过 1 分钟。

二、开局阶段

开局阶段，主要指谈判双方见面后，在进入具体交锋内容前，相互介绍、寒暄以及就谈判内容以外的话题进行交谈的那段时间和过程。开局阶段所占用的时间较短，谈论的内容也与整个谈判主题关系不大或根本无关，但这个阶段却很重要，因为它为整个谈判过程确定了基调，营造了气氛。

谈判的内容、形式、地点不同，谈判气氛也各不相同，有的谈判气氛十分热烈、积极、友好，双方都抱着互谅互让的态度进行谈判，通过共同努力去达成双方都满意的协议，使双方的需要尽可能得到满足；有的谈判气氛却很冷淡、对立、紧张。双方均抱着寸土不让、寸利必争的态度进行谈判，针锋相对、毫不相让，使谈判变成了没有硝烟的战争；有的谈判简洁明快，速战速决。但更多的谈判气氛则介于上述两个极端之间，热中有冷，快中有慢，对立当中存在友好，严肃当中包含轻快。通过谈判气氛，可以初步感受到对方谈判人员谈判的气质、个性和对本次谈判的态度以及准备采取的策略。

开局阶段究竟营造何种谈判气氛为宜，要根据准备采取的谈判方针和策略来决定，也要视谈判对手是新人还是老手而区别，即谈判气氛的选择应服务于谈判的目标、方针和策略。

三、谈判阶段

谈判阶段又称实质性谈判阶段，是指从开局阶段结束以后，到最终签订协议或谈判失败为止，双方就交易的内容和条件进行谈判的时间和过程。它是整个谈判过程的主体。正式谈判阶段一般要经历询盘、发盘、还盘、接受四个环节。从法律的角度来看，每一个环节之间都有本质的区别。询盘和还盘不是必须经过的程序，买卖双方完全可以依据实际情况，不经过询盘直接发盘，或不经过还盘而直接接受，但发盘和接受则是谈判获得成功和签订合同必不可少的两道程序。国际商务谈判人员只有熟练掌握每道程序的中心问题和重点问题及其相互衔接关系，精通有关法律规定或惯例，才能在谈判时发挥自如，控制整个谈判进程。

1. 询盘

询盘是指在外贸交易洽谈中，由买卖双方中的一方向另一方就某项商品的交易内容和条件发出询问（一般多由买方向卖方发出询问），以便为下一步彼此间进行详细而周密的洽谈奠定基础。询盘可以口头表示，也可以书面形式询价，也可以询问其他一项或几项交易条件。由于询盘纯属试探性接触，询盘的一方对能否达成协议不负有任何责任，因而它既没有约束性，也没有固定格式。

2. 发盘

询盘之后，通常由被询盘的一方进行发盘。发盘又称发价，它是由交易的一方向另一方以书面或口头的形式提出交易条件，并表示愿意按照有关条件进行磋商，达成协议并签订合同。在多数情况下，发盘是由卖方向买方发出。有时也可以由买方主动发出。这种由买方主动做出的发盘，国际上称为买方发盘或递盘。

发盘是交易洽谈中重要的一环。若发盘人发出实盘后，受盘人无条件表示接受，交易即告达成。协议亦即成为一项对买卖双方均具法律约束力的契约。

3. 还盘

还盘是指受盘人不同意发盘的交易条件而提出的修改或增加条件的表示。

4. 接受

接受是买方或卖方无条件同意对方在发盘中提出的交易条件，并愿按这些条件与对方达成交易、订立合同的一种肯定。一方的发盘经另一方接受，交易即告达成，合同即告成立，双方就应分别履行其所承担的合同义务。一般用“接受”“同意”和“确认”等术语表示接受。

四、签约阶段

谈判双方经多次反复洽谈，就合同的各项重要条款达成协议以后，为明确各方的权利和义务，通常要以文字形式签订书面合同。书面合同是确定双方权利和义务的重要依据，因此，合同内容必须与双方谈妥的事项及其要求完全一致，特别是主要的交易条件都要订立得明确而肯定。拟定合同时所涉及的概念不应有歧义，前后的叙述不能自相矛盾或出现疏漏和差错。

在国际贸易中，对销售合同的书面形式没有特定限制，从事进出口贸易的买卖双方，可采用正式的合同、确认书、协议书，也可采用备忘录等形式。在我国进出口业务中，主要采用最具有同等的法律效力合同和确认书这两种形式。

综上所述，商务谈判的程序如下图所示。

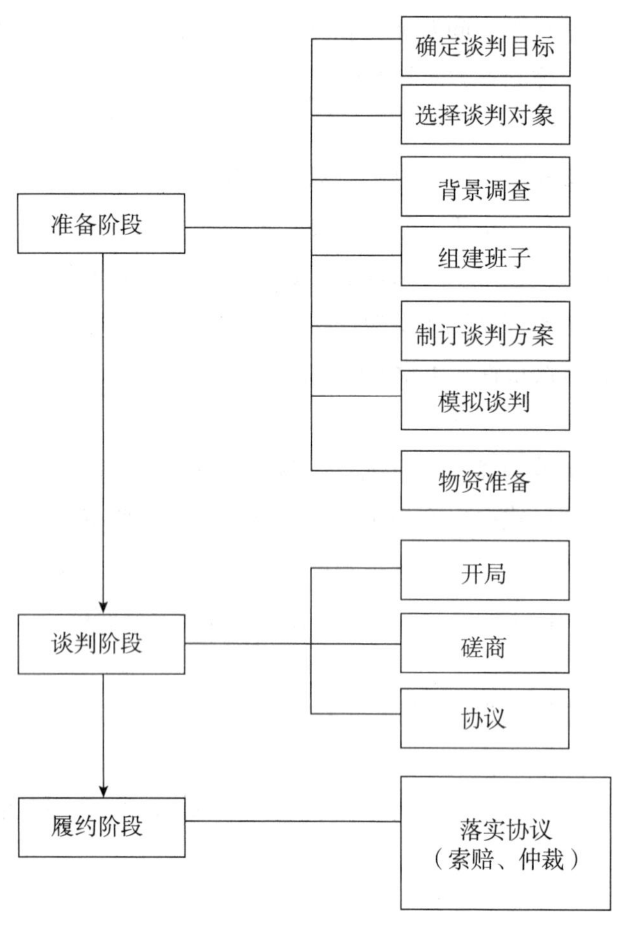

商务谈判的程序

实践操作

一位德国人在印度的遭遇

一位德国人前往印度参加一次为期 14 天的谈判，他少年得志，斗志昂扬。这次，他一心想大获全胜。在出发之前，他做了大量准备工作，包括看了一大堆关于印度人的精神、心理、文化传统方面的书籍。

飞机着陆后，2 位等候已久的印度商人把他送上了一辆大轿车。德国人舒服地靠在轿车后面的丝绒沙发上，印度人则僵硬地坐在两张折叠椅上。德国人友好地说："过来一起坐吧，后面能坐下。"

印度人回答："哦，不，您是重要人物，您需要好好休息。"德国人颇感得意。轿车开着，印度人问："您会讲日语吗?"

“不，不会”德国人回答，“不过，我带了一本日文字典”。印度人又问：“您是不是一定要准时搭机回国？我们可以安排这辆轿车送你回机场。”德国人想印度人真是考虑周到。于是顺手掏出回程机票交给印度人，好让轿车准时去接他。实际上，这么一来，他已让印度人知道他拥有多少时间，而他根本不知道印度人这方面的情报。

印度人没有立即开始谈判，而是盛情招待他。从皇宫神庙、文化、用英语讲授佛教的学习班，等等，印度人总是将日程表排得满满的。每当德国人问及何时开始谈判，印度人总是喃喃的回答：“有时间，有时间。”

直到第十二天，才开始谈判，也因接下来有盛宴和其他活动而早早结束。第十三天又开始谈判，也因为晚上有盛宴而早早结束。第十四天早上，谈判重新开始，正谈到紧要关头，送德国人去机场的那辆轿车到了。德印双方在轿车中继续谈判。到达机场前，协议达成。印度人之所以能够在谈判中获胜，是因为他们知道德国人拥有多少时间，知道他无法空手而归，知道他无法向上级汇报这 14 天的经历，知道他不能改变归期。

问题：

德国人为什么会败在印度人手里？

巩固提升

美国约翰逊公司的研究开发部经理，从一家有名的设备公司购买了一台分析仪器，使用几个月后，一个价值 2.95 美元的零件坏了，约翰逊公司希望设备公司免费调换一只。设备公司却不同意，认为零件是因为约翰逊公司使用不当造成的，并特别召集了几名高级工程师来研究，寻找证据。双方为这件事争执了很长时间，几位高级工程师费了九牛二虎之力终于证明了责任在约翰逊公司一方，取得了谈判的胜利。但此后的整整 20 年，约翰逊公司再未从这家设备公司买过一只零件，并且告诫公司的职员，今后无论采购什么物品，宁愿多花一点钱，多跑一些路，也不再与这家设备公司发生业务交往。

问题：

1. 请你来评价一下，这家设备公司的这一谈判究竟是胜利还是失败？原因何在？
2. 结合实际谈谈你对谈判与商务谈判的认识。

模块二　商务谈判人员素质及能力

学习目标

知识目标：

1. 熟悉商务谈判人员的素质包括的内容；
2. 熟悉商务谈判人员的能力包括的内容。

能力目标：

1. 具备商务谈判人员的基本素质；
2. 具备商务谈判人员的基本能力。

任务一　商务谈判人员的素质要求

任务导入

李刚通过一段时间的学习和实践基本掌握了谈判的基础知识和业务程序，并希望自己也成为一名优秀的商务谈判人员，那么，要想成为一名优秀的商务谈判人员，李刚应该做哪些准备？应该具备哪些素质呢？

相关知识

谈判是一种反复沟通的过程，其目的是就不同的要求或想法而达成某项联合协议。商务谈判的最终目的是双方达成协议，使交易成功。而要使谈判获得成功，谈判人员在其中起着极其重要的作用，这就要求我们要重视谈判人员的素质，那么要成为一名优秀的谈判人员应具备哪些素质呢？

一、较好的心理素质

（一）自信心

自信心是谈判者最重要的心理素质。所谓自信心是指谈判者相信自己企业的实力和优势，相信集体的智慧和力量，相信谈判双方的合作意愿和光明前景。自信心的获得是建立在充分调查研究的基础上，建立在对谈判双方实力的科学分析的基础上，而不是盲目的自信，更不是藐视对方轻视困难，坚持自身错误的所谓自信是有害而无利的。

（二）自制力

谈判过程中难免会由于双方利益的冲突而形成紧张、对立、僵持、争执的局面，如果谈判者自制力差，出现过分的情绪波动，就会破坏良好的谈判气氛，造成自己举止失态、表达不当，使谈判不能顺利进行下去，或者败下阵来，草草收场。谈判者若具备良好的自制力，在谈判顺利时不会盲目乐观，喜形于色；在遇到困难时也不会灰心丧气，怨天尤人；在遇到不礼貌的言行时，也能够克制自己不发脾气，泰然处之。

（三）懂得尊重和坦诚

在谈判中只有互相尊重、平等相待，才可能保证合作成功。所以谈判者首先要有自尊心，维护己方的尊严和利益，面对强大的对手不妄自菲薄、卑躬屈膝，更不会出卖尊严换取交易。但同时谈判者还要尊重对方，尊重对方的利益，尊重对方的意见，尊重对方的习惯，尊重对方的正当权利。

二、健全的思想意识

（一）忠于职守、平等互惠

作为谈判人员，必须要有高度的责任心和事业心，自觉遵守组织纪律，维护组织利益；必须严守组织机密，不能自作主张，毫无防范，口无遮拦；要一致对外，积极主动。优秀的谈判人员的理念是：一旦坐到谈判桌前，谈判就要彼此尊重，并在此基础上展开智勇较量。但最终目的不是谁压倒谁，也不是置对方于死地，而是为了沟通和调整，使双方都能满足己方的基本要求，达成一致。双方以这样高境界的积极行为，力求公平合理的谈判结果。

（二）崇高的事业心、责任感

崇高的事业心和责任感是指谈判者要以极大的热情和全部的精力投入到谈判活动中，以对自己工作高度负责的态度和抱定必胜的信念去进行谈判活动。只有这样，才会有勇有谋，百折不挠，达到目标；才能虚怀若谷，大智若愚，取得成功。如果一个根本不愿意进行谈判，对集体和国家都没有责任心的人，代表集体去进行谈判，他将不会全力以赴，更不可能取得成功。所以，只有具备崇高事业心和强烈责任感的谈判者，才会以科学严谨、认真负责的态度，本着对自己负责、对别人负责、对集体负责的原则，克服一切困难，顺利完成谈判任务。

（三）坚韧不拔的意志

商务谈判不仅是一种智力、技能和实力的比试，更是一场意志、耐性和毅力的较量。有一些重大艰难的谈判，往往不是一轮、两轮就能完成的。对谈判者而言，如果缺乏应有的意志和耐心，是很难在谈判中取得成功的。意志和耐心不仅是谈判者应具备的心理素质，也是进行谈判的一种方法和技巧。

（四）以诚相待的态度

谈判的目的是较好地满足谈判双方的需要，是一种交际、一种合作，谈判双方能否互相交往、信任、取得合作，这还取决于谈判双方在整个活动中的诚意和态度。谈判作为一种交往活动是人类自尊需要的满足，想要得到别人的尊重，前提是要尊重别人。谦虚恭让的谈判风格、优雅得体的举止和豁达宽广的胸怀是一位成功谈判者所必备的。在谈判过程中以诚意感动对方，可以使谈判双方互相信任，建立良好的交往关系，有利于谈判的顺利进行。谈判桌上谦和的态度和化敌为友的含蓄委婉，比任何场合的交谈都更重要。

小案例

在我国一家医疗机械厂与美国客商进行的一场引进“大输液管”生产线的谈判中，双方在融洽友好的氛围中达成了一致意见，相约第二天举行签字仪式。谈判结束后，该厂负责人带领美国客商参观工厂车间，这位负责人向墙角吐了一口痰，然后用鞋底擦了擦，这一细节被美国客商看在眼里，毅然决定停止签约。在给这位负责人的一封留言信中，他这样写道：“恕我直言，一个负责人的卫生习惯可以反映一个工厂的管理素质。况且，我们今后要生产的是用来治病的输液皮条。贵国有句谚语：人命关天！

请原谅我的不辞而别……”一项成功在望的谈判，就这样被一口痰“吐掉”了。由此可见，在谈判中，参与人的言谈举止、衣着打扮所体现出的修养和气度是何等重要！

礼仪是一个人知识、修养与文明程度的综合表现，它在人际交往的许多细小环节中都体现出来，如赴约要遵守时间，既不要早到，也不要晚到；宴会要注意主人对餐桌次序的安排，在正式的场合，要注意穿戴合适。礼仪是一个人修养的反映，在商务谈判中，也是影响谈判气氛与进程的一个重要因素。跟谈判对手打交道，特别是与高层交往，一些细节不注意，对方会觉得不受尊重，或者认为差距甚大，不值得交往。因此商务谈判人员要十分注意社交规范，尊重对方的文化背景和风俗习惯，这对于赢得对方尊重和信任，推动谈判顺利进行，特别是在关键场合、同关键人物的谈判中，往往能起到积极的作用。例如，有一次一位重要人物来北京谈判一个合作项目，这里是他漫长旅途的最后一站，了解这位客人的东道主在送客人去下榻宾馆的途中，特意在车上播放了一段来宾家乡的音乐，客人感到很亲切，他高兴地对谈判对手说：“我就快要回家了，相信北京之行是我此次旅行最顺利的一站。”可见，知晓礼仪、尊重对手是一个谈判人员对谈判所做的最小投资，而由此获得的回报却常常是难以估量的。注重礼仪的内容还包括谈判人员在谈判破裂时能给对方留住面子，不伤人感情并为以后的合作与交往留下余地，做到“生意不成人意在”，这样就会有越来越多的客商愿意与你发展合作关系。

（五）坚强的政治思想素质

这是谈判人员必须具备的首要条件，也是谈判成功的必要条件，它首先表现在作为谈判人员必须遵纪守法，廉洁奉公，忠于国家和组织。其次，具有强烈的事业心、进取心和责任感。在商务谈判中，谈判人员必须思想过硬，在谈判中不应考虑个人的荣辱得失，应以国家、企业的利益为重，始终把握“失去集团利益就是失职，赢得集团利益就是尽职、就是成功”的原则，发扬奉献精神，有一种超越私利之上的使命感，使外在的压力变成内在的动力。

三、合理的学识结构

一名优秀的谈判人员，必须具备完善的相关学科的基础知识，要把自然科学和社会科学统一起来，普通知识和专业知识统一起来，在具备贸易、金融、营销等一些必备专业知识的同时，还要对心理学、经济学、管理学、财务学、控制论、系统论等一些学科的知识广泛摄取，为我所用，这是谈判人员综合素质的体现。除了必须具备广博的知识面，还必须具有较深的专业知识，即专业知识要具有足够的深度。专业知识是谈判人员在谈判活动中必须具备的知识，没有系统而精深的专业知识功底，就无法进行成功的谈判。即“T”形知识结构，其构成了一个称职的商务谈判人员的必备条件，也是一名合格的谈判人员应具备的最起码的个体素质要求。

四、身体素质

商务谈判往往是一项牵涉面广、经历时间长、节奏紧张、压力大、耗费谈判人员体力和精力的工作。特别是赴国外谈判，还要遭受旅途颠簸、生活不适之苦；若接待客商来访，则要尽地主之谊，承受迎送接待、安排活动之累。所有这些都要求谈判人员必须具备良好的身体素质，同时也是谈判人员保持顽强意志力与敏捷思维的物质基础。

知识链接

谈判人员心理素质测试题

以下是测试谈判心理素质的题目，请根据自我感觉选择下列各题四个选项中的一项，请将答案填入题后的括号内。请注意，选择的标准不是根据你认为哪一项最好，而是根据你对自己的判断。

1. 你是否喜欢谈判（　　）

A. 非常喜欢　　B. 喜欢

C. 介于喜欢与不喜欢中间　　D. 相当讨厌

2. 谈判中你面对直接的冲突有何感受（　　）

A. 非常不舒服　　B. 虽然不喜欢，但能正视

C. 喜欢这种机会　　D. 相当舒服

3. 你是否会相信谈判对手的话（　　）

A. 一般是相信的　　B. 有所怀疑

C. 将信将疑　　D. 不相信

4. 你认为谈判对手喜欢你重要吗（　　）

A. 非常重要　　B. 重要

C. 无所谓　　D. 不大重要

5. 你认为谈判是（　　）

A. 高度竞争　　B. 大竞争，也有合作

C. 合作重要，但不排除竞争　　D. 全心全意合作

6. 若交易对对手很不利，你愿意给对手额外补偿吗（　　）

A. 愿意
B. 认为必要
C. 看对方是否有要求
D. 不愿意

7. 你认为谈判中应让对方感到受威胁吗（　　）
A. 应该
B. 不违法即可
C. 不一定
D. 不应该

8. 你是否能在谈判中适当表达自己的观点（　　）
A. 经常会
B. 多数情况下会
C. 多数情况下不会
D. 很难

9. 你是否是个好的倾听者（　　）
A. 很好
B. 一般还好
C. 不怎么好
D. 不好

10. 面对压力，你能否保持思路清晰（　　）
A. 很清晰
B. 有点紧张
C. 很紧张
D. 思路堵塞

11. 你是否相信你的第一印象（　　）
A. 很相信
B. 相信
C. 有怀疑
D. 很不相信

12. 你是否有明显的第六感观（　　）
A. 很明显
B. 较明显
C. 不明显
D. 没有

13. 你很在意别人对你的态度吗（　　）
A. 在意
B. 较在意
C. 无所谓
D. 不在意

14. 谈判中讲究策略与合作是否矛盾（　　）
A. 很矛盾
B. 有些冲突
C. 见机行事
D. 二者相容

15. 谈判中需要正直吗（　　）
A. 需要
B. 不一定
C. 不需要
D. 一定不要

16. 你对语言会“过敏”吗（　　）
A. 过敏
B. 较过敏
C. 一般
D. 不会

17. 谈判中目标应如何确定（　　）

A. 很高　　B. 较难
C. 适当　　D. 较容易

18. 谈判中你会坚持自己的观点吗（　　）
A. 坚决　　B. 较坚决
C. 一般　　D. 看是否正确

19. 你在买日用品时喜欢讲价吗（　　）
A. 非讲不可　　B. 喜欢
C. 一般　　D. 不喜欢

20. 通常你如何让步（　　）
A. 很快　　B. 对方先让步
C. 较慢　　D. 不会让步

21. 你是否有较成功的谈判经历（　　）
A. 有　　B. 很少
C. 几乎没有　　D. 没有

22. 你喜欢与人闲聊吗（　　）
A. 很喜欢　　B. 一般
C. 不喜欢　　D. 只和很熟悉的人

23. 你和别人认识后，容易变得亲密吗（　　）
A. 不会　　B. 不容易
C. 容易　　D. 必然

24. 你常会将内心感受流露出来吗（　　）
A. 经常　　B. 会
C. 不经常　　D. 不会

25. 你会守口如瓶吗（　　）
A. 会　　B. 一般
C. 不会　　D. 很想告知别人

任务二　商务谈判人员的能力要求

任务导入

李刚想成为一名优秀的谈判人员，除了应该具备的基本素质外，还应该具备哪些能力呢？

相关知识

谈判人员在进行谈判之前，都要做大量的准备工作，为激烈而紧张的谈判做好充足的准备，即便是这样，在谈判的过程中也会遇到突发状况，这就需要谈判人员要具备相应的能力。

一、敏锐的观察能力

观察是人有目的、有计划、系统的、比较持久的知觉。观察力是能够随时而又敏锐地注意到有关事物的各种极不显著但却重要的细节或特征的能力。敏锐的观察力可以有助于很好地洞察事物的本来面貌，使得通过捕捉到与事物本质相联系的某些“蛛丝马迹”，洞察人们的心理状态、意图。作为一个谈判人员，在云谲波诡的商务谈判中，必须具备良好的观察力，才能在商务谈判的独立作战或群体作战中明察秋毫，审时度势，避开险难，探索行动的方向和路子，寻求突破。

二、决断能力

谈判是一项相当独立的现场工作。很多事务的决断需要在谈判现场做出，这就需要谈判人员具备良好的对事务的判断和决策能力。

决断能力表现在谈判人员可以通过对事物现象的观察分析，能够由此及彼、由表及里、去粗取精、去伪存真，排除各种假象的干扰，了解事物的本质，做出正确的判断；表现在能及早地洞察存在的问题或关键所在，准确地预见事物发展的方向和结果；表现在综合运用各种方法、手段，对不同条件、不同形势下的问题能及时做出正确的行为反应和行动选择。谈判人员的决断能力与了解掌握科学的判断和决策的相关知识方法有关，与一定的专业实践的经验积累有关，谈判人员应注意在学习和实践这两个方面下功夫，提高自身的决断能力。

三、语言表达能力

谈判是人类利用语言工具进行交往的一种活动。一个优秀的谈判者，应像语言大师那样精通语言，通过语言的感染力强化谈判的效果。谈判中的语言包括口头语言和书面语言两类。无论是哪类语言，都要求准确无误地表达自己的思想和感情，使对手能够正确领悟你的意思，这点是最基本的要求。语言表达能力的提高，一要注意语言表达的规范，要增强语言的逻辑性；二要注意语言表达的准确性，必须语音纯正，措辞准确，言简意赅；三要讲究语言的艺术性，表现在语言表达的灵活性、创造性和情境适用性上。

语言是沟通的主要工具，要提高沟通的能力，就必须有效地克服语言沟通的障碍，提高语言表达技巧，要注重无声语言、暗示性语言、模糊语言、幽默语言、情感语言的运用。谈判人员不仅要熟练地运用本国语言（包括某些主要的方言），还应精通外语。除此以外，谈判人员还应善于运用和理解肢体语言，以增强谈判的沟通能力和理解能力。

四、灵活的应变能力

商务活动的一个重要的特点就是带有较大的不确定性。这种不确定性就要求从事商务活动的人员应有应付不确定性的准备和办法，要有临场应变能力。所谓应变能力，是指人对异常情况的适应和应付的能力。

商务谈判中，经常会发生各种令人意想不到的异常情况。当这些异常事件、情况出现时，一旦谈判人员缺乏处理异常情况的临场应变能力，就有可能使谈判招致失败或产生不利的后果。千变万化的谈判形势要求谈判人员必须具备沉着、机智、灵活的应变能力，要有冷静的头脑、正确的分析、迅速的决断，善于将灵活性与原则性结合起来，灵活地处理各种矛盾，以控制谈判的局势。处变不惊，应是一个优秀的谈判人员所具备的品质。面对复杂多变的情况，谈判者要善于根据谈判情势的变化调整自己的策略和目标，冷静而沉着地处理各种可能出现的问题。

应变能力需要创造力的配合。例如，购货方担心采用信用证方式交易会让售货方取得货款而货物不对使自己遭受损失，售货方为使生意谈成，可以创造性地提出一些能预防以上问题发生的办法促成交易，提出由购货方指定一个中立的第三方作为检查员，在货物即将发运之前到售货人的工厂对货物进行检查，货物合格后，才能按照信用证规定付款的做法而使购货方得到保护。

优秀的谈判者能够通过观察、思考、判断、分析和综合的过程，从对方的言行和行为迹象中判断真伪，了解对方的真实意图。

谈判人员素质不同导致不同的谈判结果

20 世纪 80 年代，湖北医药工业研究所研制出一种胃药冲剂，经专家鉴定在当时已具有国际先进水平。当时，武汉某制药厂提出购买这项专利技术，研究所提出的条件是谁提供一台制剂干燥设备，谁即可获得生产权。围绕这台价值4万元人民币的设备，双方讨价还价。制药厂谈判人员犹豫不决，内部意见也不统一，最后导致谈判破裂。

珠海市丽珠制药厂获知此信息后，即刻派人赶到武汉与研究所展开谈判。当即拍板成交，丽珠制药厂以40万元转让费获得专利技术，取名“丽珠得乐”。之后，“丽珠得乐”以强劲攻势打入包括武汉在内的全国各地医药二级站，实现年产值1.2亿元，利税3000万元。经过几年的努力，继而成为有名的上市公司。

问题：

试分析两场谈判结果的主因？

分析：

“丽珠得乐”作为科研成果，诞生于武汉。“近水楼台”的武汉某制药厂因谈判人员犹豫不决而错失商机，但远在千里之外的珠海市丽珠制药厂的谈判代表眼光敏锐、决策果断，从而为企业创造了巨大的经济效益。同是谈判人员，两种不同的决策能力，导致两种不同的谈判结果，两种不同的经济效益。可见，谈判人员素质的差异是导致两种谈判结果的主因。

加拿大商人在伊朗的遭遇

让我们来看一下一个加拿大商人在伊朗的遭遇：在谈判的一个月以来他事事顺利，同伊朗同事建立了融洽的关系，在谈判中尊重伊斯兰的习俗，避免了任何潜在“爆炸性”的政治闲谈。最后，该商人兴高采烈地签署了一项合同。待他签完字后，对着伊朗同事竖起了大拇指，房间里出现了些紧张的气氛，一位伊朗官员离开了房间。加拿大商人对此摸不着头脑，不知发生了什么，而他的伊朗同事也觉得很尴尬，不知如何向他解释。

分析：

在加拿大，竖起大拇指是赞成的标志，它的意思是“很好”；然而在伊朗，它代表否定，表示不满，近似令人厌恶，是一种无礼的动作。

巩固提升

韩国的贸易公司十分重视对谈判人员的培训，第一年，他们让受训人员将本企业所有部门的工作全部熟悉一遍；第二年，他们将受训人员派遣到国外，一般是派遣到今后要开拓贸易的国家和地区，在那里的企业、公司或大学一边研究工作，一边广交朋友，建立各种联系；第三年，他们将这些人员再调回国内，让他们担任贸易谈判代表，在实际谈判中学习，积累经验。经过三年的培训，这些人一旦坐到谈判桌前，就可以应对自如，俨然就是一个谈判高手。

问题：

试问，韩国的贸易公司为什么对谈判人员进行如此培训?

模块三　商务谈判准备

学习目标

知识目标：

了解谈判信息的作用、谈判信息的收集、谈判地点的安排等问题，掌握谈判信息分析方法，掌握谈判方案确立过程和谈判时间准备等问题。

能力目标：

1. 具备收集谈判资料及信息的能力；
2. 能够组建谈判队伍；
3. 熟悉商务谈判的内容，能够制订商务谈判方案。

任务一　谈判信息收集

任务导入

李刚最近负责了一项公司关于买卖挖掘机的谈判任务，作为一名新人，李刚面临着严峻的考验，谈判成功公司员工下半年衣食无忧，在同事中又可以树立威信，谈判失败，公司需要继续寻找新客户。此次谈判如此重要，现在距离谈判还有10天，如果你是李刚，谈判前还应具体做哪些工作呢？

相关知识

随着信息技术的发展，我们已经进入了信息时代，了解信息、掌握信息已成为人们成功地进行各种活动的保证。商务谈判作为人们运用信息获取自己所需事物的一种经济活动，对信息的依赖更加强烈。因此，谈判者的信息收集就成为了解对方意图、制订谈判计划、确定谈判策略及战略的基本前提。

一、信息搜集的主要内容

（一）与谈判有关的环境因素

英国谈判专家马什在其所著的《合同谈判手册》中，对谈判环境因素进行了系统的归类及分析。他把与谈判有关的环境因素分为以下几类。

1. 政治状况

政治和经济是紧密相连的，政治对于经济具有很强的制约力。任何一个国家的政府总是为解决本国特殊环境所遇到的种种问题而制定和推行一系列认为必要的经济政策，并注重以本国的政治哲学作为其衡量经济活动的标准。政治因素对商务谈判活动，特别是涉外商务谈判有着非常重要的影响。当一个国家政局稳定，政策符合本国国情，它的经济就会发展，就会吸引众多的外国投资者前往投资。否则，政局动荡、市场混乱、人心惶惶就必然产生相反的结果。这一点，在我国的政治及经济发展历程中已经得到了验证。因此，涉外贸易组织在进行经济往来之前，必须对谈判对方的政治环境做详尽的了解，主要包括政局的稳定、政府之间的关系、政府对进口商品的控制等。

2. 法律制度

法律制度和政治制度一样，都对商务谈判有着无形的控制力，涉外企业在贸易往来中，不可避免地遇到各种各样的法律问题，只有清楚地了解其法律制度，才能减少商业风险。

小案例

我国某公司考察小组去美国考察后，在旧金山买下一家餐馆，开业后发现餐馆经营所得大部分用于支付高昂的房租，餐馆因而陷入连年亏损的困境。出现此状况的原因在于考察小组未能清楚地了解东道主的法律便仓促签约，只买下了餐馆的业务经营权而未涉及房屋等资产。

3. 宗教信仰

当前，无论是科学技术高度发达的美国和西欧各国，还是在富有的阿拉伯产油国，或者在其他贫穷落后的国家，宗教问题无不渗透到社会的各个角落。宗教信仰影响着人们的生活方式、价值观念及消费行为，也影响着人们的商业交往。宗教问题很复杂，商务谈判人员没有必要专门研究，但与宗教有关的问题，如宗教的信仰和行为准则、宗教的活动方式、宗教的禁忌等对商务活动会产生直接的影响，这些是商务谈判人员必须要了解的。

4. 商业做法

由于各方面的原因，世界各国、各民族都形成了各具特色的商业习惯，作为涉外贸易谈判人员，必须了解和掌握目标市场的商业习俗和做法，才能在业务交往中采取有效的方法，保证业务活动的正常开展。

小案例

中国沈阳某企业到泰国合资开办了一家药厂，虽然产销对路，但因流动资金不足而被迫停产。究其原因，按泰国市场的习惯，药商都实行赊销办法，生产厂家要等药商售完产品后才能收回货款，这就使厂家因资金周转期长、流动资金不足而停产。

5. 社会习俗

社会习俗是指不同国家及地区由于其文化背景、宗教信仰等方面的不同而形成的独特、典型的行为方式及行为标准。它们对谈判都会产生一定的影响。比如，在衣着、称呼、日常行为等方面，怎样才能合乎社会规范的标准；是否只能在工作时间洽谈业务；饮食等方面会有哪些特点；送礼的方式及礼物的选择有哪些特殊的习俗；等等。这些因素对商业的往来都会产生一定的影响。

小案例

沈阳某罐头厂在加拿大投资设厂，投资环境很好，但因该厂生产的产品是回锅肉和干菜烧肉两种罐头，只符合少数华人的口味，不适合当地居民的饮食习惯，终因产品大量积压而破产。

6. 气候因素

气候因素包括雨季的长短与雨量的多少、气温的高低等，这些因素对人们的消费习惯和商贸谈判都会产生一定的影响。

小案例

日本汽车之所以能在东南亚和中国香港等地打败欧洲厂商，原因在于日本汽车在进入市场时，考虑到当地气候炎热，在汽车上配有制冷设备，而欧洲汽车没有这些设备，不能适应市场的需要。

（二）有关谈判对手的情报

了解谈判对手的情报是极其重要的，“知己知彼，百战不殆”。已在商务谈判中成为极为重要的警语。对于未来的谈判对手，应该尽一切可能全面地了解其情报资料。当年肯尼迪总统为前往维也纳同赫鲁晓夫进行首次会谈做准备，曾研究了赫氏的全部演讲和公开声明，还收集了几乎可以找到的全部的赫氏资料，甚至包括其早餐嗜好和音乐欣赏品位，为这场至关重要的谈判奠定了必要的基础。在现实生活中，由于对谈判对手的背景材料准备不足，也有许多上当受骗的例子。

小案例

瑞达电子进出口公司经A电器公司介绍与美国某股份有限公司签订了两份销售合同，合同标的包括电视机、冰箱等。随后，中方根据外方要求及合同的规定于9月下旬将货物装船运输，10月下旬及11月外方两次来电称货已收到，但质量方面的问题需要进一步商谈。次年年初，瑞达就外方提出的所有问题一一做出回答，此后不见外方的任何反应，中方为了挽回企业的经济损失，决定通过法律手段予以解决，瑞达公司依照销售合同中的仲裁条款，向中国国际经济贸易仲裁委员会上海分会提出申请。仲裁委受理后发送有关仲裁文件。但是，外方迟迟没有回音，经邮局查询，答复是“查无此公司”。可见，掌握谈判对手背景材料是极其重要的。

英国著名哲学家弗朗西斯·培根曾在《谈判论》中指出：“与人谋事，则须知其习性，以引导之；明其目的，以劝诱之；谙其弱点，以威吓之；察其优势，以钳制之。与奸猾之人谋事，唯一刻不忘其所图，方能知其所言，说话宜少，且须出其最不当意之际。于一切艰难的谈判之中，不可有一蹴而就之想，唯徐而图之，以待瓜熟蒂落。”培根的精辟见解告诉我们，对于本来的谈判对手，了解得越具体、越深入，估计越准确、越充分，就越有利于掌握谈判的主动权。谈判对手的情报主要包括该企业的发展历史、组织特征、产品技术特点、市场占有率和供需能力，价格水平及付款方式，对手的谈判目标、资信情况以及参加谈判人员的资历、地位、性格、爱好、谈判风格、谈判作风及模式，等等。这里主要介绍资信情况、合作欲望及对手的谈判人员等情况。

资信情况。包括对手商业信誉及履行能力情报，如对手的资本积累状况，技术装备水平，产品的品种、质量、数量及市场信誉等。

对手的合作欲望情况。对手同我方合作的意图是什么，合作愿望是否真诚，对我方的信赖程度如何，对实现合作成功的迫切程度如何，是否与我国其他地区或企业有过经济往来，等等。总之，应尽可能多地了解对方的需要、信誉等。对方的合作欲望越强，越有利于谈判向有利于我方的方向发展。

对手的谈判人员情报。包括谈判对手的谈判班子由哪些人组成，成员各自的身份、地位、年龄、经历、职业、爱好、性格、谈判经验如何，另外还需了解谁是谈判中的首席代表，其能力、权限、特长及弱点是什么，此人对此次谈判抱何种态度，倾向性意见如何，等等，这些都是必不可少的情报资料。

（三）竞争者的情况

生产力水平的不断提高和科学技术在生产中的普遍运用，使社会商品极大丰富，同一商品往往会出现许多替代品（包括相似产品和同种产品）。因此，在商业交往中，经常会出现一个卖主、多家买主和一个买主、多家卖主的情况。这样，对于买卖双方来讲，了解竞争者的情况就显得十分必要。竞争者作为谈判双方力量对比中一个重要的“砝码”，影响着谈判天平的倾斜。很显然，在一家卖主、两家买主竞相争购的情况下，对于卖主来讲无疑是非常有利的，增强了其讨价还价的筹码。

竞争者的情报主要包括市场同类产品的供求状况；相关产品与替代产品的供求状况；产品的技术发展趋势；主要竞争厂家的生产能力、经营状况和市场占有率；有关产品的配件供应状况；竞争者的推销力量、市场营销状况、价格水平、信用状况，等等。

一般来讲，了解竞争者的状况是比较困难的，因为无论是买方还是卖方，都不可能完全了解自己的所有竞争对手及其情况。因此，对于谈判人员来说，最重要的是了解市场上占主导力量的竞争者。

（四）己方的情况

谈判成功的关键在于，在了解对方的同时，更深刻地了解自己。只有正确地了解自己，才能在谈判中确立自己的正确地位，进而采取相应的对策。己方的情况包括本企业产品及生产经营状况和本方谈判人员情况。对自身的优劣状况进行分析，本企业的产品及生产经营状况涉及的内容很多。对于卖方来讲，要了解自己产品的规格、产品性能、主要用途、质量、品种、数量、销售情况，商品的市场竞争力，供应能力及经营手段、经营策略等。正确地评价自己是确定奋斗目标的基础。谈判人员还应对自己这一方的人员有一个客观的了解，只有这样，才能制定出切实可行的谈判策略。

二、信息搜集的方法和途径

在日常的经贸往来中，企业都力求利用各种方式搜集大量的信息资料，为谈判所用，这些方法及其途径主要包括以下几个方面。

（1）企业可以直接派人到对方企业进行实地考察，搜集资料。在现实经济生活中，人们把实地考察作为搜集资料的重要形式，企业派人到对方企业，通过对其生产状况、设备的技术水平、企业的管理状况、工人的劳动技能等各方面的综合观察、分析，可以获得有关谈判对手生产、经营、管理等各方面的第一手资料。在实地考察之前，必须做好充分的准备工作。带着明确的目的和问题，才能取得较好的结果。

（2）通过各种信息载体搜集公开情报。企业为了扩大自己的经营，提高市场竞争力，总是通过各种途径进行宣传，这些都可以为我们提供大量的信息。如企业的文献资料、统计数据和报表，企业内部报刊、各类文件、广告、广播宣传资料、用户来信、产品说明和样品等，我们从对这些公开情报的搜集和研究当中，就可以获得我们所需要的情报资料。

（3）通过对与谈判对手有过业务交往的企业和人员的调查了解信息。任何企业为了业务往来，都必然搜集大量的有关资料，以准确地了解对方。因此，与同对手有过业务交往的企业联系，必然会得到大量的有关谈判对手的信息资料，而且向与对手打过官司的企业与人员了解情况，会获得非常丰富的情报，他们会提供许多有价值的信息，而且是在普通记录和资料中无法找到的事实和看法。

三、信息的整理和筛选

通过信息搜集工作，我们获得了大量来自各方面的信息，要使这些原始信息情报为我方所用，并发挥其相应的作用，还必须经过信息的整理和筛选。整理和筛选的目的在于，一方面是为了鉴别资料的真实性与可靠性，去伪存真。在商务谈判前，有些企业和组织故意提供虚假信息，掩盖自己的真实意图。另外，由于各种原因，有时搜集到的信息可能是片面的、不完全的，需要通过信息的整理和筛选得以辨别。另一方面，在保证真实、可靠的基础上，结合谈判项目的具体内容，对各种信息进行整理，以确定在对此次谈判中的重要信息与次要信息，并在此基础上制定出具体的谈判方案与策略，信息的整理和筛选程序如表 3－1 所示。

表 3－1　　信息的整理和筛选程序

信息的整理和筛选程序	解析
分类	即将所得资料按专题、目的、内容等进行分类
比较和判断	比较即分析，通过分析了解资料之间的联系，了解资料的真实性、客观性，以做到去伪存真
研究	在比较、判断的基础上，对所得资料进行深化加工，形成新的概念、结论，为我方谈判所用
整理	将筛选后的资料进行整理，做出完整的检索目录和内容提要，以便检索查询，为谈判提供及时的资料依据

商务谈判前，对信息的收集是商务谈判中很重要的一项准备工作。值得注意的是，这里的信息收集并不仅仅指对谈判对方企业的信息收集，还包括对己方企业在本次谈判中将要涉及的信息的收集。那么，谈判前，信息的收集工作具体应如何展开呢？在商务谈判前，首先要了解对方的底牌是什么，对方的谈判策略又是什么。谈判是双方心理素质的较量，也是谈判技巧、专业知识与信息搜集的较量，谈判过程充满了变数和陷阱，因此，只有知己知彼，才能够百战不殆。磨刀不误砍柴工，漫长的谈判需要更为漫长的准备工作，其中信息的收集就是谈判前重要的一项工作，其往往决定了谈判的结果，但很多谈判代表常常输在起跑线上，却浑然不知。

四、信息的分类

在商业活动中，谈判信息纷繁复杂。科学区分谈判信息的类型是研究分析谈判信息的基础，可使我们更深刻地认识到谈判信息的规律性，也有助于我们进一步明确谈判信息工作的目的，提高谈判信息工作的效益。按照不同的标准，可将谈判信息分为以下类型：

（一）按谈判信息的内容划分

按谈判信息的内容可将其分为自然环境信息、社会环境信息、市场细分化信息、竞争对手信息、购买力及投向信息、产品信息、消费需求和消费心理信息等。自然环境信息是指能引起人们消费习惯改变、购买力转移及市场变更的自然现象方面的信息，如地震、地形变化、气温变化等。社会环境信息是指对市场有影响的各种社会因素，如文化、人口、社会阶层、家庭、政治、法律、时尚、风俗、宗教、社会发展、城市建设等方面的信息。市场细分化信息是指能引起市场细分的变量，如社会经济变量、地理变量、人口变量、收入和消费方式变量，等等。竞争对手信息是指有关生产或经营同类产品的其他企业状况的信息。购买力及投向信息是指消费收入、支出构成、趋向等方面的信息。产品信息是指与产品价格开发、销售渠道、商标、包装、装潢等有关的信息。消费需求信息是指消费者对商品品种、数量、规格、价格、式样、色彩、口味、方便程度、适用程度等方面的信息。消费心理信息是指有关消费者购买行为、购买动机、价值观、审美观等方面的信息。

（二）按谈判信息的载体划分

按信息载体，信息分为语言信息、文字信息、声像信息和实物信息。语言信息是指通过座谈、交流所获得的信息以及在公共场所听到的信息。文字信息是指用文字记录下来的信息资料，包括各种文献、文件、报刊资料及复制品、产品目录、产品说明书等。声像信息是指通过图片、绘画、电影、电视、广播、录像、电话、幻灯、录音等获得的信息。实物信息是指各种以样品作为载体的信息。

（三）按谈判信息的活动范围划分

按信息活动范围，信息可划分为经济性信息、政治性信息、社会性信息和科技性信息。经济性信息是指与企业发展有关的各种信息，主要包括国民经济发展的信息，财政、金融、信贷方面的信息，经济资源信息等。政治性信息是指由于某一政治活动的发生、政治事件的出现而引起市场变化的信息，如战争爆发引起的物价上涨等。社会性信息是指与市场经营、销售有关的社会风俗、社会风气、社会心理、社会状况等方面的信息。科技性信息是指与企业产品研制、设计、生产、包装有关的信息。

任务二　谈判组织构建

任务导入

通过一段时间的信息搜集，李刚了解到对方的负责人 Mr. Liu，美籍华人，祖籍山东，早期移民到国外，年龄 40 岁左右，有着较为丰富的销售经验，个人能力极强，精通业务，懂技术，有一支专业的团队。公司近年来业绩飞速发展，与这样一个团队合作，机遇与挑战并存，李刚面对这样的对手，该如何组建自己的谈判队伍呢？

相关知识

所谓谈判队伍，是指由参加一场国际商务谈判的全体人员所组成的群体，也称为谈判班子。组织好一支谈判队伍，是进行一场成功谈判的根本保证。

一、谈判队伍组建的原则

1. 知识互补

谈判人员具有各自所擅长的领域，都是处理不同问题的专家，在知识方面相互补充，形成整体的优势。例如，谈判人员分别精通商业、外贸、金融、法律、专业技术等知识，就会组成一支知识全面而又各自精通一门专业的谈判队伍。

谈判人员理论知识与实践经验的互补。谈判队伍中既有高学历的年轻知识学者，也有身经百战具有丰富实践经验的谈判专家。高学历学者可以发挥理论知识和专业技术特长，有实践经验的人可以发挥见多识广、成熟老练的优势，如此知识与经验互补，才能提高谈判队伍的整体战斗力。

2. 性格协调

谈判队伍在人员构成上，性格也要互补协调。将不同性格人的优势发挥出来，弥补其不足，以发挥队伍的集体优势。性格活泼开朗的人，善于表达、反应敏捷、处事果断，但性情可能比较急躁，看待问题也可能不够深刻，甚至会疏忽大意，感性思维比较明显；性格稳重沉静的人，办事认真细致，说话比较谨慎，原则性较强，看问题比较深刻，善于观察和思考，理性思维比较明显，但是他们不够热情，不善于表达，反应相对比较迟钝，处理问题不够果断，灵活性较差。如果这两类性格的人组合在一起，分别担任不同的角色，就可以发挥出各自的性格特长，优势互补，协调作战，增强谈判力。

3. 分工明确

谈判队伍中的每一个人都要有明确的任务，按各自优势分别承担不同的工作，扮演不同的角色。谈判过程中不能工作越位，角色混淆；要有主角和配角，要有中心和外围，要有台上和台下。因此，一方面，谈判队伍要分工明确、纪律严明；另一方面，所有成员都要有团队精神，为共同实现谈判目标而通力合作。

二、谈判队伍的人员构成

谈判队伍在构成上，应配备一个素质过硬、知识全面、配合默契、善于作战的团队。每一个谈判成员都有自身的主攻方向，精通自己专业方面的知识，但也要熟悉了解相关领域的知识，只有这样才能彼此沟通、密切配合。如商务人员懂得一些法律、金融方面的知识，法律人员懂得一些技术方面的知识，而技术人员懂得商务和贸易方面的知识等。谈判队伍人员构成与分析如表 3－2 所示。

表 3－2　　谈判队伍人员构成与分析

谈判队伍人员构成	解析
谈判队伍领导人	谈判队伍领导人负责整个谈判工作，领导整个谈判队伍，在其中具有领导权与决策权。有时谈判领导人也是首席谈判代表，是谈判小组的灵魂，全权负责谈判的组织与实施，贯彻落实谈判计划，表述己方的意图、说服对方，及时应对处理突发问题，往往也是谈判关键时刻的第一决策人

续 表

谈判队伍人员构成	解析
商务人员	商务人员由熟悉商业贸易、市场行情、价格形势的专家担任，负责商务方面的工作
技术人员	技术人员由熟悉生产技术、产品标准和科技发展动态的工程师担任，在谈判中负责对有关生产技术、产品性能、质量标准、产品验收、技术服务等问题的谈判，也可为商务谈判中的价格决策做技术顾问
财务人员	财务人员由熟悉财务会计业务和金融知识的财会人员或经济师担任，主要职责是对谈判中的价格核算、支付条件、支付方式、结算货币等与财务相关的问题把关
法律人员	法律人员由精通经济贸易各种法律条款和法律执行事宜的专职律师、法律顾问或本企业熟悉法律的人员担任，职责是做好合同条款的合法性、完整性、严谨性的把关工作，也负责涉及法律方面的谈判
翻译	翻译由精通外语、熟悉业务的专职或兼职翻译担任，主要负责口头与文字的翻译工作，展现沟通双方的意图，配合谈判并运用一定的语言策略
其他人员	除以上几类人员外，还可配备少量的工作人员，其主要承担一些辅助工作，但是人员数量要适当，要与谈判规模、谈判内容相适应

三、谈判队伍的分工与合作

谈判人员的分工是指每一个谈判者都有明确的分工，都有自己适当的角色，各司其职。谈判人员的配合是指谈判人员之间思路、语言、策略的互相协调，步调一致，要确定各类人员之间的主从关系、呼应关系和配合关系。

（一）主谈与辅谈的分工与配合

所谓主谈是指在谈判的某一阶段，或针对某些方面的议题的主要发言人；除主谈以外的小组其他成员处于辅助配合的位置上，故称之为辅谈。

主谈是谈判工作能否达到预期目标的关键性人物，其主要职责是将确定的谈判目标、谈判战略和谈判计划在谈判中加以贯彻实施。主谈的地位和作用对其提出了较高的要求：深刻理解各项方针政策和法律规范，深刻理解本企业的谈判目标、战略和策略，具备熟练的专业技术知识和较广泛的相关知识，有较丰富的商务谈判经验，思维敏捷，善于分析和决断，有较强的表达能力和驾驭谈判进程的能力，有权威气度和大将胸怀，并能与谈判队伍中的其他成员团结协作，默契配合，统领谈判队伍共同为实现谈判目标而努力。

主谈必须与谈判队伍的其他各类人员密切配合。在谈判中，己方一切重要的观点和意见主要都应由主谈来表达，尤其是谈判基调、关键的评价和结论更要由主谈表述，辅助谈判人员决不能随意发表个人观点，也不能陈述与主谈不一致的观点。

辅助谈判人员要配合主谈起到参谋和支持作用。例如，在主谈发言时，自始至终都应得到辅谈人员的支持。这可以通过口头语言或肢体语言给予支持，并随时拿出相关证据证明主谈观点的正确性。当对方集中火力，多人多角度刁难主谈时，辅谈要善于使主谈摆脱困境，从不同角度反驳对方的攻击，加强团队的谈判力。当主谈讲到涉及辅谈人员所熟知的专业问题时，辅谈人员应给予主谈更详尽、更充足的证据支持。例如在商务条款谈判时，商务人员为主谈，其他人员处于辅谈地位。但是进行合同商务条款谈判时，专业技术人员和法律人员应从技术的角度和法律的角度对谈判问题进行论证，提供依据，给予主谈有力的配合。当然，在谈判合同的商务条款时，有关商务条件的提出和对方条件的接受与否都应以商务人员为主。

（二）“台前”和“幕后”的分工与配合

在比较复杂的谈判中，为了提高谈判的效果，可组织“台前”和“幕后”两个小组。台前人员是直接在谈判桌上谈判的人员，幕后人员是不直接与对方面对面地谈判，而是为台前谈判人员出谋划策或准备各种必需资料和证据的人员。

当负责该项谈判业务的主管领导位于幕后时，台前人员在大的原则和总体目标上接受幕后班子的指挥，敲定谈判成交时必须征得幕后人员的认可；幕后人员往往是台前人员的幕后操纵者，负责指导、监督台前人员按既定目标和准则行事，但是台前人员在谈判过程中仍然具有随机应变的战术权力。

另一种情况是幕后小组是由具有各种专业水平的专家组成的智囊团，如法律专家、贸易专家、技术专家等，他们主要起参谋作用，向台前人员提供专业方面的参谋建议，台前人员有权对其意见进行取舍或选择。

当然幕后人员不能过多，也不能过多地干预台前人员，要充分发挥台前人员的职责权力和主观能动性，及时创造性地处理好一些问题，争取实现谈判目标。

四、谈判队伍的规模

合理的谈判队伍规模不是绝对的，必须根据具体情况来确定。谈判队伍既可以是一个人，也可以是若干人。谈判人员多一些，有助于集思广益，在谈判桌上也会给对手造成心理上的压力，但由此也增加了谈判组长协调和控制的难度；人员少一些，则显得精明强干，也便于统一行动，但对于非常规、涉及面广、耗费时长的谈判，却使谈判小组成员负担过重。因此，谈判人员的选择只有根据项目的实际需要和谈判的性质来决定。英国谈判专家比尔·斯科特认为，谈判队伍的最佳人数是4人，最多不超过12人。其具体观点如下所述。

（1）在对谈判对象情况以及谈判环境诸因素充分分析研究的基础上，根据谈判的内容、难易程度来确定谈判队伍的构成。

（2）根据谈判主题的大小、重要性等因素来确定选派的人员和人数。对于小型的谈判，谈判队伍可由2～3人组成，甚至1人；而对于内容复杂且比较重要的大型谈判，由于组织协调的工作量大，在摸清对方谈判人员的特点和作风后，配备与对方相对等的人员结构和数量。

（3）如果谈判涉及的内容较广、较复杂，需有各方面专家参加，可以考虑把谈判小组分为两部分：一部分主要从事背景资料的搜集准备工作，人数可以适当多一些；另一部分直接走上谈判第一线，这部分人数与对方人数相当为宜。

（4）确定主谈与辅谈。在谈判的某项议题上，要做出具体的分工，确定主谈人员和配合者。谈判桌上，以主谈的观点为核心阐述己方的观点和立场，辅谈予以配合。

五、参加谈判的人员应具备的条件

第一，必须熟悉我国对外经济贸易方面的方针政策，并了解国家关于对外经济贸易方面的具体政策措施。

第二，必须掌握洽商交易过程中可能涉及的各种商务知识，如商品知识、市场知识、金融知识和运输、保险等方面的知识。

第三，必须熟悉我国颁布的有关涉外法律、法令与规则，并了解有关国际贸易、国际技术转让和国际运输等方面的法律、惯例以及有关国家的政策措施、法规和管理制度等方面的知识。

第四，应当熟练地掌握外语，并能用外语直接洽谈交易。

第五，具有较高的政治、心理素质和策略水平，并善于机动灵活地处理洽商过程中出现的各种问题。

任务三　谈判方案制订

任务导入

通过多次接触，了解到对方公司也有合作的意向，小李将几次接触下来获取的信息进行详细分析，汇总。并按公司项目负责人的要求，结合相关资料制作一份谈判的方案。那么什么是谈判方案？如何来制作呢？

一、谈判方案的含义

谈判方案是指在正式进行激烈的谈判交锋以前，谈判者需要制订出的一个周全而又明确的谈判计划。

谈判方案是谈判人员在谈判前预先对谈判目标等具体内容和步骤所作的安排，是谈判者行动的方向。谈判方案应对各个阶段的谈判人员、议程和进度做出周密设想，对谈判工作进行有效的组织和控制，使其既有方向，又能灵活地左右错综复杂的谈判局势。

二、谈判方案制订的基本要求

谈判方案的形式应是书面的。文字可以是长达几十页的正式文件，也可以是短至一页的备忘录。一个成功的谈判方案应注意的基本要求如表 3－3 所示。

表 3－3　谈判方案制订的基本要求

要求	解析
简明扼要	所谓简明扼要就是要尽量使谈判人员容易地记住其主要内容与基本原则，在谈判中能随时根据方案要求与对方周旋。谈判的方案越是简单明了，谈判人员照此执行的可能性就越大。 谈判是一项十分复杂的业务工作，参与谈判的人员必须清晰地记住谈判的主题和方案的主要内容，与对手交锋时才能按照既定目标，对付错综复杂而多变的谈判局面。因此，制订谈判方案时要用简单明了、高度概括的文字加以表述，以便印象深刻
具体	方案的简明扼要不是最终目的，它还要与谈判的具体内容相结合，以谈判的具体内容为基础。谈判方案的内容虽有具体要求，但不等于把有关谈判的细节都包括在内。如果事无巨细、一应俱全，执行起来必然十分困难
灵活	由于谈判过程千变万化，方案只是谈判前某一方的主观设想或各方简单磋商的产物，不可能把影响谈判过程的各种随机因素都预估在内。所以，谈判方案还必须具有灵活性，要考虑到一些意外事件的影响，使谈判人员能在谈判过程中根据具体情况灵活运用。例如，对可控因素和常规事宜应进行精密安排，对无规律可循的事项可进行粗略安排

三、谈判方案的主要内容

（一）确定谈判目标

谈判目标是通过谈判要解决的问题，谈判者事先要有所准备，做到心中有数。对于谈判目标底线要严格保密，绝不能透露给其他人。谈判目标如有重大修改，要经过商定。没有授权的谈判者要向有关领导请示，即使是有决定权的谈判者，也应与参加谈判的有关人员协商，取得一致意见后再加以改动。

（二）规定谈判期限

在谈判开始之前，应当对谈判的期限有所计划和安排。由于谈判的效率问题是评价现代谈判成功与否的一个重要标准，而谈判的期限直接涉及谈判的效率，因此，谈判方案的制订应将谈判期限的规定包括进去。

谈判的期限指从谈判的准备阶段到谈判终局阶段之间的时长。在国际贸易中，谈判的期限通常指从谈判者着手准备谈判到报价的有效期结束之时为止。买卖双方都规定了一定的期限，超过这个期限后即使履行了协议，也可能带来一定的损失。除去时间限制的影响，谈判时间拖得越久，双方耗费的人力、物力和财力也就越多。因而，应在谈判之前就对谈判的时间做出精确计算和适当安排，最后规定一个谈判期限。

谈判期限的规定可长可短，但要具体、明确，同时又要有伸缩性，能够适应谈判过程中的情况变化。如某公司对谈判期限作了如下安排：此报价的有效期为 1 个月。延长有效期的费用，第一个月增加 1%，以后每个月增加 1.5%，如果超过了 3 个月，就应重新报价。因为交货等许多交易条件都有可能发生变化，此谈判的最长宽限期应在 2 个月内达成交易。这是一个较为简明、灵活又能保证卖方总体目标不受影响的时间方案。

（三）拟订谈判议程

在确定谈判方案的目标、谈判对象和谈判期限后，即可制定谈判议程。谈判议程一般要说明谈判时间的安排和谈判议题的确定，谈判议程可由一方准备，也可由双方协商确定。议程包括通则议程和细则议程，前者由谈判双方共用，后者给己方使用。

在拟订谈判议程时，需要注意两点：一是互助性，即不仅要符合我们自身的需要，也要兼顾对方的实际利益和习惯做法；二是简洁性，在一次谈判过程中，过多的谈判事项往往会形成人们的思想负担。典型的谈判议程至少要包括下列四项内容。

1. 时间安排

即确定谈判在何时举行，为期多久。倘若是分阶段的谈判还需确定分为几个阶段，每个阶段所花的时间大约是多少等。①对于双方意见分歧不会太大的议题应尽量在较短的时间内解决，以避免无谓的争辩。②对于主要的议题或争执较大的焦点问题，可将其安排在整个谈判总时间的3/5时加以讨论。若把焦点性问题放在谈判进行到总时间3/5的前两个小时之内提出来，更有利于问题的解决。③文娱活动的安排要恰到好处。在枯燥的谈判过程中适当安排一些文娱活动，既可活跃双方气氛，增进友谊，又可松弛神经，消除疲劳，这是非常必要的。但文娱活动的安排也不宜过多。如果谈判进行的时间为一周，安排一两次文娱活动就可以了，且最好安排在谈判的第二天及商谈焦点问题的当天。此外，安排的活动内容要尽量丰富，不能使文娱活动成为谈判对方借此疲劳己方，实现其谈判目标或达到其他目的的手段。④要考虑到意外情况的发生，适当安排机动时间，但机动时间的安排也不可太多，否则会使谈判的进程过于松散，节奏过于缓慢。

在确定谈判时间时，要考虑以下几个因素：谈判准备的充分程度；谈判人员的身体和情绪状况；谈判的紧张程度；谈判议题的需要；谈判对手的情况。

2. 确定谈判议题

谈判议题是双方讨论的对象，凡是与谈判有关的并需要双方展开讨论的问题，就是谈判的议题。

确定谈判议题时，首先，要将与本次谈判有关的问题罗列出来；其次，将罗列出的各种问题进行分类，确定问题重要与否，与己方的利弊关系；最后，将对己方有利的问题列为重点问题加以讨论，对己方不利的问题尽量回避，这将有助于己方在谈判中处于主动地位。但回避并不等于问题不存在，因此还要考虑到当对方提出这类问题时，己方采取的应对策略。

3. 谈判议题的顺序安排

谈判议题的顺序有先易后难、先难后易和混合型等几种方式，可根据具体情况加以选择。

所谓先易后难，即先讨论容易解决的问题，以创造良好的洽谈气氛，为讨论困难的问题打好基础；所谓先难后易，即先集中精力和时间讨论重要的问题，待其得以解决之后，再以主带次，推动其他问题的解决；所谓混合型，即不分主次先后，把所有要解决的问题都提出来进行讨论，待一段时间以后再把所有要讨论的问题归纳起来，先将统一的意见予以明确，再对尚未解决的问题进行讨论，以求取得一致意见。

有经验的谈判者在谈判前便能估计到，哪些问题双方不会产生分歧，哪些问题可能有争议。有争议的问题最好不要放在开头，这样会影响谈判进程，也可能会影响双方情绪，但也不要放到最后，因为可能会因时间不充分而不能得到很好的解决，且在谈判结束前可能会给双方都留下不好的印象。有争议的问题最好放在谈成几个问题之后，在谈最后一两个问题之前，总的来说，就是将其放在谈判的中间阶段。谈判结束之前最好谈一两个双方都满意的问题，以便在谈判结束时创造良好的气氛，给双方留下良好印象。

4. 通则议程与细则议程的内容

通则议程是谈判双方共同遵照使用的日程安排。在通则议程中，通常应解决以下问题：双方谈判讨论的中心问题。尤其是第一阶段谈判的安排；列入谈判范围的有哪些事项，哪些问题不讨论，问题讨论的顺序是什么；讨论中心问题及细节问题的人员安排；总体及各阶段谈判的时间安排。通则议程可由一方提出，或双方同时提出，经双方审议同意方正式生效。

细则议程具有保密性，它是对己方审议同意后具体策略的具体安排，供己方使用。其内容一般有：对外口径的统一，包括文件、资料、证据和观点等；谈判过程中对各种可能性的估计及其对策安排谈判的顺序，即何时提出问题，提什么问题，向何人提出这些问题，由谁提出，谁来补充，何时打断，由谁来打断，在什么时候要求暂停讨论等；谈判人员更换的预先安排。

知识链接

己方拟订谈判议程时应注意的几个问题

（1）谈判的议程安排要依据己方的具体情况，在程序安排上能扬长避短，也就是在谈判的程序安排上，保证己方的优势能得到充分的发挥。

（2）议程的安排和布局要为自己出其不意地运用谈判策略埋下契机。对一个谈判老手而言，是决不会放过利用拟订谈判议程的机会来运筹帷幄的。

（3）谈判议程内容要能够体现己方谈判的总体方案，统筹兼顾，引导或控制谈判的速度与节奏，以及己方让步的限度和步骤等。

（4）在议程的安排上，不要过分伤害对方的自尊和利益，以免导致谈判的过早破裂。

(5) 不要将己方的谈判目标，特别是最终谈判目标通过议程和盘托出，使己方处于不利地位。

当然，议程由自己安排也有短处。己方准备的议程往往透露了自己的某些意图，对方可分析猜出，在谈判前拟定对策，使己方处于不利地位。同时，对方如果不在谈判前对议程提出异议而掩盖其真实意图，或者在谈判中提出修改某些议程，容易导致己方被动甚至谈判破裂。

任务四 谈判内容选定

任务导入

按照项目负责人的要求，结合谈判的方案就有关内容进行筛选，列举主要谈判事项，逐一分析、整理。那么选择哪些内容进行谈判呢？

相关知识

交易谈判包括的内容非常广泛，有产品交易谈判、工程项目谈判、技术贸易谈判、服务协议谈判、资金谈判等，本节主要介绍产品交易谈判的一般内容。

一、商品的品质、数量和包装

(一) 商品的品质

商品的品质是指商品的内在质量和外观形态。洽谈品质条件的关键是明确双方可接受的品质表示方法，一般有以下几种。

1. 凭样品买卖

样品通常是从一批商品中随意抽取出来或由生产和使用部门加工或设计出来用以代表商品品质的少数实物。以样品作为交接货物依据的，就称为“凭样品买卖”。在这种交易中，代理商卖方交货的品质必须与样品相符。如果在约定时，既有文字说明，又列明了凭样品的意思，那么交货时，既要符合文字说明，也要符合样品；如果在谈判中规定有文字说明，而样品仅供参考，交货时，只要符合文字说明，又基本符合样品就可以了。需要注意的是，为避免品质与样品不符所带来的严重后果，卖方往往要求在合同中加注“品质与货样大致相同”的字样，以减轻自己的负担。

2. 凭规格、等级或标准的买卖

规格是指品质的一些主要指标，如成分、含量、纯度、性能、长短、粗细等。等级是指同一类商品分为品质各不相同的若干级别，如大、中、小，一、二、三，甲、乙、丙级等。

标准是国家机关或商业团体统一制定的用来进行品质鉴定的文件，如国家标准、部颁标准和企业标准等。谈判中，应明确引用何种标准，标明标准代号，以免引起误解。上述内容在谈判时一定要明确、具体，而且要切合实际并具有一定的灵活性。

3. 凭品名或商标的买卖

品名是商品的名称，商标是商品的标记。对某些品质稳定并树立了良好信誉的商品，常用商标来表示其品质。在谈判时只要说明商标，双方就能明确商品的品质情况，如美的牌电冰箱、熊猫牌彩色电视接收机等。但要注意同一品名或商标的产品是否来自不同的厂家，更要注意假冒商标的商品。

4. 凭说明书的买卖

大型的专用设备或精密仪器，由于构造复杂，无法用几项指标来反映其全貌，又无标准可依，必须凭详细的说明书进行介绍，必要时还要辅以图纸或照片，即为凭说明书的买卖。上述表示品质的方法可以结合使用、交易情况来进行选择。

（二）商品的数量

商品的数量指交易双方确定的具体商品的交易实物数量主要由数字和计量单位构成。

1. 商品的计量单位

商品的计量单位一般可采用重量、长度、体积、容积、面积和个数等单位表示。商品的性质不同，采用的计量单位也不相同。如粮食、矿石、钢材、茶叶等通常使用重量单位；机器设备、服装、家电等通常采用个数单位；棉布通常使用长度单位；木材通常使用体积单位等。有些商品如石油，既可以使用重量单位，也可以使用容积单位，具体如何选用，要视实际交货的情况而定。在选择计量单位时，还要特别注意有关的度量衡制度。国内贸易按国家的有关制度确定，应采用公制单位；如果是国际贸易，则会有公制、英制、美制等多种度量衡制度，谈判中应予以明确，并掌握各种度量衡之间的换算关系。

2. 商品重量的计算

商品的重量分毛重和净重两种。毛重是商品本身加包装物重量之和；净重是商品本身的重量。采用毛重还是净重，谈判中应当予以明确。例如，玉米，采用麻袋包装，在实际交货时，带包装测量则更容易一些，但如果规定是净重，则要在毛重中扣除麻袋的重量。皮重（即包装物的重量）有多种计算方法，可以据实际皮重计算，也可以按约定皮重或抽检皮重计算，或者以毛作净，无论采用何种方法谈判中均应明确做出规定。交易中，除一些商品因其本身的特点不需包装外，多数商品都需要有一定的包装。按商品是否需要包装，可以分为三类，即散装货、裸装货和包装货：而包装又分为运输包装和销售包装两种。商品是否需要包装以及采用何种包装主要取决于商品的特点和买方的要求。对于商品的包装，谈判中应当明确以下一些问题。①包装材料。即采用何种物质对商品进行包装，如纸箱、木箱、麻袋、塑料袋、钢瓶等。包装材料直接关系到包装的成本，应尽量选择资源丰富、价格低廉的物质作为包装材料。②包装形式。即如何对商品进行包装，如“筐装、外包麻布、麻绳捆扎、每筐重 50 千克”等。③包装费用。按照一般的交易惯例，包装所涉及的费用是包含在货价之中的，不再向买方另行收取。但如果买方有特殊要求，双方可另行商定，或提高商品的价格，或另行收取包装费。

二、商品的单价

（一）价格由单价和总值构成

单价即单位商品的价格，由计量单位、计价货币、单位金额和价格术语四个部分组成。①计量单位。即计算商品数量的单位。②计价货币。即计算商品价格使用的标准货币。在国内贸易中人民币是法定的计价货币；在对外贸易中，使用何种货币计价，要由双方协商确定，一般出口贸易要争取选用“硬通货”，进口贸易争取使用“软通货”。③单位金额。即商品每一计量单位以计价货币表示的金额。④价格术语。也称价格条件，它在国际贸易中代表不同价格构成，表示买卖双方各自应承担的责任、费用、风险以及划分货物所有权转移界限的一种术语，即所谓的国际贸易惯例。较常用的有；FOB（装运港船上交货价）、CFR（成本加运费价）、CIF（成本、保险费加运费价）等。价格术语在国内贸易中也常遇到，作为谈判人员对此应有所了解。此外双方还应就商品的作价方法进行商讨。一般情况下，双方对所交易的商品都要确定一个固定价格；但如果商品的价格市场波动较大，交货期又比较长，也可以采用后定价格或滑动价格来对商品进行作价。总值是单价与数量的乘积。价格作为谈判中的核心内容，直接关系到谈判双方的经济利益，对此应给予高度重视。

（二）付款方式

在产品交易中，付款的方式也很重要。从表面来看，不论以什么方式付款、用什么支付工具付款，买方的付出和卖方的收入都是合同中规定的总额。但实际上，在不同的支付条件下，尽管支付的价格总额不变，但买卖双方的实际支出和收入可能会有很大差异。支付方式包括支付时间、支付地点和支付方法。国内贸易中货款的结算通常有现金结算和转账结算两大类，其中又包括多种具体方式。国际贸易一般多采用信用证结算。在支付方式中较为关键的是支付时间，时间不同，对双方利益会有较大影响，谈判中应予以重视。

三、商品的运输和交接

在合同中，对商品的装运和交接问题做出明确的规定，可以维护双方的利益。

（一）运输方式

商品的交接必须借助于空间的转移来实现，运输方式不同，运费差别很大，所以双方应在明确由谁支付运费的基础上，规定运输方式及应负的责任。运输方式包括海洋运输、铁路运输、公路运输、航空运输和联合运输等。双方应根据时间的要求和运输成本，来选择合适的运输方式。

（二）交货时间

在经济活动中，许多合同关于装运和交接货物的时间规定比较模糊。为尽可能避免纠纷，谈判人员应在切实可行的基础上，力求把装运和交接货物的时间订得明确合理。通常情况下，卖方谈判人员应在充分考虑货源情况、运输条件、市场供应情况及商品本身状况等因素的基础上决定装运时间或交货时间。双方在确定交货日期后，应明确卖方延期交货或买方不能按期接货所应负的责任，以及由此给对方带来损失的赔偿。

（三）交货地点

交货地点的选择关系到运费和结算价格的高低，同时也与交接各方所承担的责任有关。因此，地点规定必须明确具体，谨防因过于笼统或重名问题引起合同履行中的麻烦。

四、索赔、仲裁和不可抗力

（一）索赔

索赔是一方认为对方未能全部或部分履行合同规定时采取赔偿的要求。索赔属于合同履行中的问题，但双方在谈判时，一般应就此问题事先进行约定，所谓“先小人，后君子”，避免以后产生纠纷。有关索赔问题的谈判，通常涉及以下问题：①索赔事由。即在何种情况下可以提出索赔要求。②索赔期限。即要求赔偿的一方应在多长时间内提出索赔要求才为有效。双方对此应事先做出约定，过期可不予受理。③索赔金额。即要求赔偿的数额，包括违约金和赔偿金。根据我国《合同法》的规定，当事人可以约定一方违约时应当根据违约情况向对方支付一定数额的违约金，也可以约定因违约产生的损失赔偿额的计算方法。约定的违约金低于造成的损失的，当事人可以请求人民法院或者仲裁机构予以增加；约定的违约金过分高于造成损失的，当事人可以请求人民法院或者仲裁机构予以适当减少。当事人一方不履行合同义务或者履行的合同义务不符合约定，给对方造成损失的，损失赔偿额应相当于因违约所造成的损失，包括合同履行后可以获得的利益，但不得超过违反合同一方订立合同时预见到或者应当预见到的因违反合同可能造成的损失。

（二）仲裁

仲裁是指争议双方当事人依据事前或者事后达成的协议，将其争议交给自愿选择的第三人进行判断并作出裁决，双方当事人对此裁决均有义务执行的一种解决争议的方式。有关仲裁问题的谈判可以由两种形式表现出来：一是包括合同中订立的仲裁条款；二是以其他书面方式在纠纷发生前或者纠纷发生后达成的请求仲裁的协议。但无论是哪种形式，根据我国《仲裁法》的规定，都应当具有下列内容：请求仲裁的意思表示；仲裁事项；选定的仲裁委员会。而在国际商务活动中，有关仲裁的谈判主要包括仲裁事项、仲裁地点、仲裁机构、仲裁程序和仲裁效力等问题。

1. 仲裁事项

双方约定的可以提交仲裁的事项，是确定仲裁机构管辖的依据。我国《仲裁法》规定：仲裁协议对仲裁事项没有约定或者约定不明确的，当事人可以补充协议；达不成补充协议的，仲裁协议无效。同样超越约定的仲裁事项所作出的仲裁裁决也不发生法律效力。即使一方当事人申请法院强制执行，法院也要审查裁决是否超出仲裁事项，如果裁决的事项不属于仲裁协议的范围，将裁定不予执行。

2. 仲裁地点

仲裁地点可以是卖方所在地、买方所在地或是双方约定的第三国（地区）。当事人所选择的仲裁地点直接关系到仲裁审理所适用的实体法和程序法，当仲裁协议中未作规定或者规定模糊时，就需要引用仲裁地点所在国的仲裁法律或其他法律加以补充。

3. 仲裁机构

仲裁机构因为同一仲裁地点可能存在几个仲裁机构，因此有关仲裁的谈判必须确定具体的某个仲裁机构。国内贸易的仲裁一般由各地设立的仲裁委员会进行仲裁。国际贸易的仲裁可由中国国际经济贸易仲裁委员会或其他国家的仲裁机构进行仲裁。我国《仲裁法》规定：仲裁协议对仲裁委员会没有约定或者约定不明确的，当事人可以补充协议；达不成补充协议的，仲裁协议无效。

4. 仲裁程序

仲裁程序一般按仲裁机构的仲裁规则进行办理。但许多国际仲裁机构允许当事人自主选择所适用的仲裁规则，甚至允许对已选的仲裁规则进行修改。如中国国际经济贸易仲裁委员会《仲裁规则》规定：凡当事人同意将争端提交仲裁委员会仲裁的，均视为同意按照本仲裁规则进行仲裁。但当事人另有约定且仲裁委员会同意的，从其约定。

5. 仲裁效力

仲裁效力指裁决是否具有终局性。我国《仲裁法》规定，仲裁实行一裁终局的制度。裁决作出后，当事人就同一纠纷再申请仲裁或者向人民法院起诉的，仲裁委员会或者人民法院不予受理。

（三）不可抗力

不可抗力是指在合同签订后，由于发生了当事人所不可预见的也无法事先采取预防措施的突发性状况，以至于影响到合同的顺利履行甚至导致合同完全不能履行。不可抗力的发生，一般是由自然力量引起的，如地震、水灾、火灾等客观情况，也有一些国家将由社会力量引起的事件，如战争、政府禁令等，也归入不可抗力的范围。贸易实践和各国法律均认可不可抗力，但对不可抗力究竟应包括哪些内容，不可抗力事件发生后合同的履行问题应如何处理等没有共同的解释。

任务五　模拟谈判

任务导入

搜集了相关信息，组建了谈判小组，制订了周密的谈判方案，李刚仍然觉得准备得不够充分，人员配备是否合理？方案是否可行？信息是否准确？还有一切一切可能发生的问题……怎么办呢？

相关知识

所谓模拟谈判，也就是正式谈判前的“彩排”。它是商务谈判准备工作中的最后一项内容。它是从己方人员中选出某些人扮演谈判对手的角色，提出各种假设和臆测，从对手的谈判立场、观点、风格等出发，和己方主谈人员进行谈判的想象练习和实际表演。

一、模拟谈判的必要性

在谈判准备工作的最后阶段，企业有必要为即将开始的谈判举行一次模拟谈判，以检验自己的谈判方案，而且也能使谈判人员提早进入实战状态。模拟谈判的必要性表现在以下几个方面。

（一）提高应对困难的能力

模拟谈判可以使谈判者获得实际性的经验，提高应对各种困难的能力。很多成功谈判的实例和心理学研究成果都表明，正确的想象练习不仅能够提高谈判者独立分析问题的能力，而且在心理准备、心理承受、临场发挥等方面都是很有益处的。在模拟谈判中，谈判者可以一次又一次地扮演自己，甚至扮演对手，从而熟悉实际谈判中的各个环节。这对初次参加谈判的人来说尤为重要。

（二）检验谈判方案是否周密可行

谈判方案是在谈判小组负责人的主持下，由谈判小组成员具体制定的。它是对未来将要发生的正式谈判的预计，这本身就不可能完全反映出正式谈判中出现的一些意外事情。同时，谈判人员受到知识、经验、思维方式、考虑问题的立场、角度等因素的局限，谈判方案的制订难免会有不足之处和漏洞。事实上，谈判方案是否完善，只有在正式谈判中方能得到真正检验，但这毕竟是一种事后检验，往往发现问题为时已晚。模拟谈判是对实际正式谈判的模拟，与正式谈判比较接近。因此，能够较为全面严格地检验谈判方案是否切实可行，检查谈判方案存在的问题和不足，及时修正和调整谈判方案。

（三）训练和提高谈判能力

模拟谈判的对手是自己的人员，对自己的情况十分了解，这时站在对手的立场上提问题，有利于发现谈判方案中的错误，并且能预测对方可能从哪些方面提出问题，以便事先拟订出相应的对策。对于谈判人员来说，能有机会站在对方的立场上进行换位思索，是大有好处的。正如美国著名企业家维克多金姆说的那样：“任何成功的谈判，从一开始就必须站在对方的立场来看问题。”这样角色扮演的技术不但能使谈判人员了解对方，也能使谈判人员了解自己，因为它给谈判人员提供了客观分析自我的机会，注意到一些容易忽视的失误。例如，在与外国人谈判时使用过多的本国俚语、缺乏涵养的面部表情、争辩的观点含混不清等。

模拟谈判的内容就是实际谈判中的内容。但为了更多地发现问题，模拟谈判的内容往往更具有针对性。模拟谈判的内容的选择与确定，不同类型的谈判会有所不同。如果这项谈判对企业很重要，谈判人员面对的又是一些新的问题，以前从未接触过对方谈判人员的风格特点，并且时间又允许，那么，模拟谈判的内容应尽量全面一些。相反，模拟谈判的内容可少一些。

二、拟定假设

要使模拟谈判做到真正有效，还有赖于拟定正确的假设条件。拟定假设是指根据某些既定的事实或常识，将某些事物承认为事实，不管这些事物现在（及将来）是否发生，但仍视其为事实进行推理。依照假设的内容，可以把假设条件分为三类，即对客观世界的假设、对谈判对手的假设和对己方的假设。

在谈判中，常常由于双方误解事实真相而浪费大量的时间，也许曲解事实的原因就在于一方或双方假设的错误。因此，谈判者必须牢记，自己所做的假设只是一种推测，如果把假设奉为必然去谈判，将是非常危险的。

拟定假设的关键在于提高假设的精确度，使之更接近事实。为此，在拟定假设条件时要注意：①让具有丰富谈判经验的人做假设，这些人身经百战，提出假设的可靠度高。②必须按照正确的逻辑思维进行推理，遵守思维的一般规律。③必须以事实为基准，所拟定的事实越多、越全面，假设的准确度就越高。④要正确区分事实与经验、事实与主观臆断，只有事实才是靠得住的。

三、模拟谈判的方式

（一）组成代表对手的谈判小组

如果时间允许，可以将自己的谈判人员分成两组，一组作为己方的谈判代表，一组作为对方的谈判代表；也可以从企业内部的有关部门抽出一些职员，组成另一谈判小组。但是，无论用哪种办法，两个小组都应不断地互换角色。这是正规的模拟谈判，此方式可以全面检查谈判计划，并使谈判人员对每个环节和问题都有一个事先的了解。

（二）让一位谈判成员扮演对手

如果时间、费用和人员等因素不允许安排一次较正式的模拟谈判，那么小组负责人也应坚持让一位人员来扮演对方，对企业的交易条件进行磋商、盘问。这样做也有可能使谈判小组负责人意识到是否需要修改某些条件或者增加一部分论据等，而且也会使企业人员提前认识到谈判中可能出现的问题。

模拟谈判的目的在于总结经验，发现问题，提出对策，完善谈判方案。所以，模拟谈判的总结是必不可少的。模拟谈判的总结应包括以下内容：①对方的观点、风格、精神。②对方的反对意见及解决办法。③自己的有利条件及运用状况。④自己的不足及改进措施。⑤谈判所需情报资料是否完善。⑥双方各自的妥协条件及可共同接受的条件。⑦谈判破裂与否的界限，等等。

可见，谈判总结涉及各方面的内容，只有通过总结，才能积累经验，吸取教训，完善谈判的准备工作。

实践操作

我国南京某公司拟引进彩色胶卷相纸的生产技术，该公司花费了很长时间来收集该项技术及价格的资料，但始终不得要领，弄不清准确情报。后来经人介绍，委托香港一家咨询公司，请他们对彩色胶卷相纸生产技术的转让和选购有关设备提出意见。在较短的时间内，该咨询公司就提出了可行性咨询报告，对世界上几家著名的经营彩色胶卷相纸的生产厂家，如柯达、富士、爱克发等公司垄断技术市场情况做了分析，还估计了各个公司对技术转让的可能态度，估算了引进项目所需要的投资，这些咨询意见为引进该项技术提供了重要的决策依据。

分析：

1. 信息是战略资源。
2. 新的权利来源不是少数人手中的金钱，而是多数人手中的信息。

巩固提升

沈阳某公司听说印度是一个诱人的市场，希望自己的产品打入印度市场。为了摸清合作伙伴的情况，公司决定组团到印度进行实地考察。到达印度后对方立即安排他们与公司的总经理会面，地点在一个富丽堂皇的大饭店里。总经理的下属举止得体，总经理派头十足，谈话时充满激情。他侃侃而谈公司的情况、经营方略以及未来的发展。所有的这些深深打动了考察团，他们深信这是一个财力雄厚、可靠的合作伙伴，回国后马上发去了 200 多万美元的货物，然而，该批货物再也没有了音讯。公司再派人前去调查，才发现掉进了一个精心设计的圈套。那位总经理原来是当地的一名演员，陈设精良的接待室是临时租来的房间，而公司已宣告破产。

问题：

从该案例的商务活动中，你认为谈判人员在谈判之前应该做好哪些工作？

模块四　商务谈判开局

学习目标

知识目标：

1. 了解开局的重要性，了解谈判开局的含义和任务；
2. 了解影响开局气氛的因素；掌握开局的一般策略。

能力目标：

能够营造开局的气氛，能够运用开局策略。

任务一　营造开局气氛

任务导入

经过前期的准备工作，李刚对本阶段的工作任务有了一定的认识。但是面对接下来的谈判李刚还是有些迷茫，对方的实力怎么样？谈判特点有哪些？对于双方的进一步接触，能够获取和收集到哪些信息，都将是这一阶段的主要行为。因此，营造一个好的开局氛围使谈判顺利进行极其重要。

相关知识

商务谈判在工作中是无处不在的，对企业的经营活动起着越来越重要的作用。开局谈判是商务谈判的前奏。“好的开始等于成功的一半”，一个良好的开局会为整个商务谈判取得成功奠定良好的基础。开局谈判为整个谈判定下基调，其决定着双方在谈判中的力量对比，在谈判中采取的态度和方式，而且也决定着双方对谈判局面的控制，进而决定着谈判的结果，对把握和控制整个谈判的局势具有重大意义。

一、开局阶段的含义

谈判的开局阶段是指谈判双方见面后，在进入具体交易内容之前，相互介绍、寒暄以及就谈判内容以外的话题或非实质性问题进行交谈的那段时间和过程。

（1）能够树立良好的第一印象。

（2）可以营造适当的谈判气氛。

（3）谈判开局地位对于谈判进程具有重要的影响。

二、开局阶段的任务

①谈判成员介绍。正式的商务谈判一般是从互相介绍谈判小组成员开始，相互介绍是为了体现双方的礼貌和友好，表明其对于谈判的重视。一般从主队的主谈判者开始，主队队员介绍完毕后，再介绍客队成员，通过相互介绍，双方从而保证谈判的顺利进行。②了解谈判对手。在开局阶段，通过与谈判对手的简单接触和交流，可以形成对于谈判对手的表象印象，如言谈举止、着装风格、精神面貌、礼仪礼节等，从这些信息可以推断出对方的个性，从而选择自己的谈判策略。③阐明谈判目的和关键利益以及营造谈判氛围。开场前最重要的一点就是营造谈判氛围，和谐、友好的谈判氛围能够带动双方相互信任，对于推进谈判日程具有极为重要的作用。例如，中国一家生产企业准备从某国引进一条生产线，于是与某国一家公司进行了接触。双方分别派出了一个谈判小组就此问题进行谈判。谈判当天，当双方谈判代表刚刚就座，中方的首席代表就站了起来，他对大家说："在谈判开始前，我有一个好消息要与大家分享。我的太太在昨天夜里为我生了一个大胖儿子！"此话一出，中方职员纷纷站起来向他道贺。外方代表于是也纷纷站起来向他道贺。整个谈判会场的气氛顿时高涨起来，谈判进行得非常顺利。中方企业以合理的价格顺利地引进了一条生产线。在良好的气氛下说明他们预期在谈判中达成的诉求，即阐明谈判目的。这样的谈判是有效率的，也就是说，双方都必须清楚对方的利益点和期望，这样才能为达成一致协议奠定基础。

三、开局气氛的营造

大多数情况下，交易谈判的双方都是本着合作的愿望来进行谈判的，通过相互间的沟通协商来达到交易的目的，因此除少数特殊的情况外，一般还要致力于营造出一种和谐融洽的谈判气氛。

一般情况下，人们在初次见面时，不一定会马上给对方留下什么武断的评价。但在彼此之间会产生一种基本的感情，简单地说，就是喜欢或不喜欢对方。喜欢，就可能会积极地与之交往；反之，则可能没有交往的热情。第一印象是一种“顽固”的心理倾向，一旦形成，想改变就比较困难。双方所形成的第一印象会直接影响到能否顺利完成谈判任务。既然第一印象如此重要，那么，谈判者就需要精心设计自己的自我形象，注意一言一行，争取给对方留下一个良好的印象。

（一）服饰

谈判者的自我形象首先是通过服饰表现出来的。服饰传递着一种无声的信息，特别是在现代社会，衣服的式样、质地以及衣服的附属装饰都具有多种功能和含义，服饰本身就是一种符号体系。这个符号体系能传达出一个人的文化修养、审美观点、品位、风度、气质和社会地位等信息，并给人以某种暗示，影响人们的判断。因此，谈判者在通过服饰塑造形象方面应注意以下几点。

（1）服饰应与谈判者的身份相一致。如作为公司的高层领导，在出席谈判时就不应穿着过于随便，最好是西装革履，这样才与身份相符。而作为谈判助手，如果衣着比首席谈判代表还华贵，则有喧宾夺主之嫌。

（2）服饰应与谈判的性质相一致。若是正式谈判，谈判者的衣着就应当“正式”一些，以表示对谈判的重视和对对方的尊重；若是非正式谈判，谈判者的衣着则可随便、轻松一些。

（3）服饰要与谈判的环境相一致。超越环境氛围的打扮会让对方感到做作；而低于环境的打扮，则会使自己感到局促不安，也会使对手对你的实力产生怀疑。

（二）气质

气质指的是一个人典型而稳定的个性心理特点、风格和气度。谈判者具有什么样的气质，对其形象会有很大的影响。良好的气质是以人的文化修养、文明程度、思想品质和生活态度为基础的，气质美首先表现在丰富的文化知识内涵上，品德修养也是气质美的重要方面，如为人诚恳、心地善良等都是不可缺少的。气质美看似无形，实为有形。它通过一个人的个性、态度、言语和行动等表现出来，举手投足、待人接物皆属此列。

（三）风度

风度指的是美好的举止姿态。主要包括以下几方面的内容。

（1）诚恳的待人态度。能对所有对手表现出诚恳而坦率的态度，端庄而不保持冷漠，谦逊而不矫揉造作，热情而不轻挑。

（2）受欢迎的性格。性格是通过行为表现出来的，与风度密切相关，要使自己的风度得到别人的赞赏，就应加强性格修养。要大方、自重、认真、活泼和直爽，尽量克服性格中的弱点，如轻挑、傲慢、幼稚等。

(3) 幽默文雅的谈吐。优美的风度在语言上体现为：言之有据、言之有理、言之有物、言之有味。语言是风度的重要体现，如果出言不逊，满嘴粗词俗语，则风度全无。

(4) 洒脱的仪表。一个人仪表整洁，俊逸潇洒，就能使人乐于接近。其不仅在于长相和衣着，更在于气质和仪态，它是人的内在品格的自然流露。

(5) 适当的表情动作。人的神态和表情是沟通人思想感情的非语言交往工具，也是风度的表现方式。所以，一定不可忽视自己的表情动作，哪怕是细节的表情和动作也不例外。

任务二　掌握谈判开局的策略

任务导入

一段寒暄过后，李刚与谈判对手有了更深一步的了解。为了获取对方的需求信息，李刚打算采用相关策略打开局面，那么谈判的开局策略有哪些呢？

相关知识

开局策略是谈判者谋求谈判开局中有利地位和实现对谈判开局的控制而采取的行动方式或手段。开局谈判策略是影响或改变谈判气氛的手段，正确使用尤为重要。

一、谈判开局策略的种类

谈判的开局策略一般包括下面几种。

（一）协商式开局策略

协商式开局策略是指以协商、肯定的语言进行陈述，使对方对己方产生好感，创造双方对谈判的理解充满“一致性”的感觉，从而使谈判双方在友好、愉快的气氛中展开谈判工作。

协商式开局策略比较适用于谈判双方实力比较接近，双方过去没有商务往来的经历，第一次接触，都希望有一个好的开端。要多用外交礼节性语言、中性话题，使双方在平等、合作的气氛中开局。比如，谈判一方以协商的口吻来征求谈判对手的意见，然后对对方意见表示赞同或认可，双方达成共识。要表示充分尊重对方意见的态度，语言要友好礼貌，但又不刻意奉承对方。姿态上应不卑不亢，沉稳中不失热情，自信但不自傲，把握住适当的分寸，顺利打开局面。

小案例

1972年2月，美国总统尼克松访华，中美将展开一场具有重大历史意义的国际谈判。中方在周恩来总理的亲自领导下，对谈判过程中的各种环境做了精心、周密的准备和安排，甚至对宴会上演奏的中美两国的民间乐曲也进行了精心的挑选。在欢迎尼克松的国宴上，党军乐队熟练地演奏起由周总理亲自挑选的《美丽的亚美利加》时，尼克松总统听呆了，他没有想到在中国能听到他如此熟悉的乐曲，那是他平生最喜爱的并指定在他就职典礼上演奏的家乐曲。敬酒时他还特地到乐队前表示感谢。一个小小的精心安排，赢得了和谐融洽的谈判气氛。在以上例子中，周总理运用了一致性开局技巧，准确把握了对方的喜好，选择了恰到好处的音乐进行搭配，令对方心情大悦，对此次谈判起到了推波助澜的作用。

采用一致性开局技巧，除了要注意对方的喜好以外，还要注意以下几个方面：

（1）注意讲话的用语和语气。以一种协商的口吻来征求谈判对手的意见，而后对其意见表示赞同和认可，使对方忘掉彼此的争执，愿意去做己方建议他去做的事情。但要注意的是用来征求对方意见的问题必须是对方意见不会影响己方利益的问题，而且在对对方意见表示赞同时态度不要过于献媚，表示的是尊重而不是奉承。

（2）注意背景、色彩、色调，音乐和装饰品的搭配，要舒适明朗、色彩悦目。

（3）此技巧适合在高调气氛和自然气氛中运用，不宜在低调气氛中使用，不然，会适得其反。

（二）坦诚式开局策略

坦诚式开局策略是指以开诚布公的方式向谈判对手陈述自己的观点或意愿，尽快打开谈判局面。

坦诚式开局策略比较适合双方过去有过商务往来，而且关系很好，互相了解较深，将这种友好关系作为谈判的基础。在陈述中可以真诚、热情地畅谈双方过去的友好合作关系，适当地称赞对方在商务往来中的良好信誉。由于双方关系比较密切，可以省去一些礼节性的外交辞令，坦率地陈述己方的观点以及对对方的期望，使对方产生信任感。

坦诚式开局策略有时也可用于实力不如对方的谈判者。本方实力弱于对方，这是双方都了解的事实，因此没有必要掩盖。坦率地表明己方存在的弱点，使对方理智地考虑谈判目标。这种坦诚也表达出实力较弱一方不惧怕对手的压力，充满自信和实事求是的精神，这比“打肿脸充胖子”大唱高调掩饰自己的弱点要好得多。

小案例

某公司第一次制造电灯泡，董事长亲自召开各地代理商会议，介绍完新产品情况后，说：“经过多年的研究和创造，本公司终于完成了这项对人类有很大用途的产品。虽然目前它还称不上是一流的产品，也只能说是二流的，但我仍拜托在座的各位以一流产品的价格向本公司购买。”大家满是疑惑。“各位，我知道你们一定会觉得很奇怪，但是我仍要再三拜托各位。”董事长坚持说。“那么请说说你的理由吧。”代理商说道。“大家都知道，目前制造电灯泡可以称作一流的全国只有一家而已。从这个角度说，我们算是垄断了整个市场。即使我们任意抬高价格大家也还是要购买，是不是？如果这时有了同样优良的产品价格又便宜一些，对大家来说不是一个福音吗？否则大家只能置于垄断价格的阴影之下。”“为什么目前公司只能制造二流的灯泡呢？因为资金不足，无法在技术上突破。如果各位肯帮忙，以一流产品的价格来购买我们二流的产品，我会把得到的利润用于技术改造上，不久的将来，本公司一定可以造出一流的产品。到了那时候，对大家都有利。但愿大家不断地支持，帮助渡过难关。因此，我再次希望各位能以一流产品的价格购买这些二流产品。”谈判在热烈的掌声中结束，董事长获得了大家的支持。

在上述例子中，谈判对象是董事长和各代理商，他们是长期合作关系，董事长处于弱势，他坦率地表明产品是二流产品，但说服大家相信不久之后该产品将会是一流产品，需要对方的支持，渴望实现多赢（对企业、消费者和代理商），最后用真诚赢得了谈判的成功。这就是一种坦诚式的谈判技巧，是一种可以获得对方好感和信赖的好方法，其运用要注意以下几点。

（1）注意谈判者的身份、与对方的关系，适合于有长期合作关系、以往双方都比较满意、相互了解较深的情况，假如上述例子中双方不是合作关系，对方不会相信董事长的话，因为存在信誉问题。

（2）避免太多的客套话，直接坦率提出自己的观点、要求，如上述例子，如果董事长在那段陈述前说一大堆客套话，对方就会觉得油嘴滑舌，后面说的一切可信度自然就低了。

（3）实力不如对方并为双方共知时，坦率地表明己方的弱点，并尽量说出正确的理由让对方加以考虑，切不要打肿脸充胖子。

（4）表明己方的真诚、信心和能力。

（5）此技巧可在各种气氛中使用。

（三）慎重式开局策略

慎重式开局策略是指以严谨、凝重的语言进行陈述，表达出对谈判的高度重视和鲜明的态度，目的在于使对方放弃某些不适当的意图，以达到把握谈判的目的。

慎重式开局策略适用于谈判双方过去有过商务往来，但对方曾有过不太令人满意的表现，己方要通过严谨、慎重的态度，引起对方对某些问题的重视。例如，可以对过去双方业务关系中对方的不妥之处表示遗憾，并希望通过本次合作能够改变这种状况。可以用一些礼貌性的提问来考察对方的态度、想法，不急于拉近关系，注意与对方保持一定的距离。这种策略也适用于己方对谈判对手的某些情况存在疑问，需要经过简短的接触摸底。当然慎重并不等于没有谈判的诚意，也不等于冷漠和猜疑，这种策略正是为了寻求更有效的谈判结果而使用的。

（四）进攻式开局策略

进攻式开局策略是指通过语言或行为来表达己方强硬的姿态，从而获得谈判对手必要的尊重，并借以制造心理优势，使谈判顺利进行下去。这种进攻式开局策略只有在特殊的情况下使用：例如发现谈判对手居高临下，以某种气势压人，有某种不尊重己方的倾向，如果任其发展下去，对己方是不利的，因此要变被动为主动，不能被对方气势压倒。采取以攻为守的策略，捍卫己方的尊严和正当权益，使双方站在平等的地位上进行谈判。进攻式策略要运用得好，必须注意有理、有利、有节，不能使谈判一开始就陷入僵局。要切中问题要害，对事不对人，既表现出己方的自尊、自信和认真的态度，又不能过于咄咄逼人，使谈判氛围过于紧张，一旦问题表达清楚，对方也有所改观，就应及时调节一下气氛，使双方重新建立起一种友好、轻松的谈判氛围。

（五）挑剔式开局策略

挑剔式开局策略是指开局时对对手的某项错误或礼仪失误严加指责，使其感到内疚，营造低调气氛，迫使对方让步的目的。

小案例

中国一家公司到美国采购一套大型设备。中方因交通堵塞迟到半小时，美方对此大为不满，花了很长时间来指责中方代表的这一错误，中方感到很难为情，频频向美方道歉。谈判开始后，美方依然对中方耿耿于怀，一时间使中方手足无措，无心讨价还价。等到合同签订，中方才发现自己吃了一个大亏。

二、谈判开局法则

让别人先说出他的看法，使自己有充分时间考虑，然后从容不迫地抉择。

提出者：美国管理学家 M. R. 柯美雅。

点评：慎言的最大好处，是容易使你把话说到点子上。

实践操作

印度一家公司到美国去采购成套设备。印度谈判小组成员因为上街购物耽误了时间。当他们到达谈判地点时，比预定时间晚了 45 分钟。美方代表对此极为不满，花了很长时间指责印度代表不遵守时间，没有信用，如果长期下去的话，以后很多工作很难合作，浪费时间就是浪费资源、浪费金钱。对此印度代表感到理亏，只好不停地向美方代表道歉。谈判开始以后似乎还对印度代表来迟一事耿耿于怀，一时间弄得印度代表手足无措，说话处处被动。无心与美方代表讨价还价，对美方提出的许多要求也没有静下心来认真考虑，匆匆忙忙就签订了合同。等到合同签订以后，印度代表平静下来，头脑不再发热时才发现自己吃了大亏，上了美方的当，但为时已晚。

分析：

这是一个挑剔式开局策略的运用，在一开始的时候对对手的某项错误或礼仪失误严加指责，使其感到内疚，从而达到营造低调气氛，迫使对方让步的目的。本案例中美国谈判代表成功地使用挑剔式开局策略，迫使印度谈判代表自觉理亏在来不及认真思考的情况下而匆忙签下对美方有利的合同。

巩固提升

日本泽田汽车公司在美国刚刚“登陆”时，急需找一家美国代理商来为其销售产品，尽快打开美国市场。当日本汽车公司准备与美国代理公司谈判时，泽田公司的谈判代表因路上塞车迟到了。美国代理公司的谈判代表抓住这件事紧紧不放，想要以此为手段获取更多的优惠条件。泽田公司的代表发现被对手逼得无路可退，就站起来说：“十分抱歉耽误了你的时间，但是这绝非我们的本意，由于我们对美国的交通状况了解不足，导致了今天这个不愉快的结果，我希望我们不要再为这个问题耽误宝贵的时间了，如果你们因为这件事而怀疑我方与你方合作的诚意，那么我们现在只好结束这次谈判，我相信按我们现在提供的优惠的代理条件在美国肯定能找到合作伙伴。”泽田公司代表的一席话说得美国代理商哑口无言，美国代理商也不想失去这次赚钱的机会，只是想利用此事占据谈判主动权，于是双方的谈判顺利地进行了下去。

问题：

日本代表有必要如此回复美方吗？

模块五　商务谈判磋商

学习目标

知识目标：

了解商务谈判的报价基础，熟悉报价先后的利弊与技巧，熟悉谈判僵局产生的原因，掌握谈判的报价策略和磋商策略。

能力目标：

能够熟练地运用报价策略，具备谈判中合理报价的能力。能够运用谈判策略打破僵局。

任务一　谈判报价

任务导入

磋商是商务谈判过程中实质性的阶段。谈判双方都面临如何维护自身利益的问题，恰当地运用谈判策略则能够解决这一问题。在商务谈判中，如果不讲究策略或运用策略不当，就可能轻易暴露己方意图，以致无法实现预定的谈判目标。高水平的谈判者应该能够按照实际情况的需要灵活运用各种谈判策略，达到保护自身利益、实现既定目标的目的。

相关知识

一、谈判报价的含义

所谓谈判报价，是指谈判的某一方首次向另一方提出一定的交易条件，并愿意按照这些条件签订交易合同的一种行为。

在经历了谈判双方最初的接触、摸底，并对所了解和掌握的信息进行相应的处理之后，商务谈判往往由横向铺开转向纵向深入，即从广泛性洽谈转向对一个个议题的磋商。在每一个议题的磋商之初，往往由一方当事人报价，另一方当事人还价，这种报价和还价的过程就是报价阶段。不过这里所指的“价”是就广义而言，并非单指价格，而是指包括价格在内的诸如交货条件、支付手段、违约金或押金、品质与检验、运输与保险、索赔与诉讼等一系列内容。

二、谈判报价的依据

从理论上来说，商务谈判报价依据有两个：第一，对报价者最为有利，即卖方报出最高价，在预期成交价基础上加上虚头，买方报出最低价，在预期成交价基础上扣减虚头，以便在后期谈判中讨价还价让虚头。第二，成功的可能性最大，报价时要考虑到对方的接受能力和市场背景，避免因狮子大开口而将对方吓跑。在实际商务谈判中，报价应当遵循以上依据。

但是以上依据并不是一成不变的，在报价时仅起参考作用，不起决定性作用。在报价时，最根本的依据是我们想不想买（或卖），想在何时买（或卖）。如果我们确实想买（或卖），我们的报价就可以适当的低（或高）一些；如果我们确实不想买（或卖），我们的报价就可以拼尽全力压低（哄抬高价）。具体在谈判中如何报价，应该随行就市，以情而定，灵活掌握。

三、谈判报价的原则

（一）开盘价为“最高”或“最低”价

对于卖方来说，开盘价必须是“最高”价；与此相反，对于买方来说，开盘价必须是“最低”价，这是报价的首要原则。

（1）开盘价为我方要价定了一个最高限度。如果我方是卖方，开盘价为我方订出了一个最高价，最终双方的成交价格肯定低于此开盘价；如果我方是买方，开盘价为我方订出了一个最低价，最终双方的成交价格肯定高于此开盘价。

（2）开盘价会影响对方对我方提供商品或劳务的印象和评价。从人们的观念上来看，“一分价钱，一分货”是大多数人信奉的观点。开盘价高，人们就会认为商品质量好，服务水平高；开盘价低，人们就会认为商品质量一般（或有瑕疵、样式陈旧等），服务水平低。

（3）开盘价高，可以为以后磋商留下充分回旋的余地，使本方在谈判中更富有弹性，以便于掌握成交时机。

（4）开盘价对最终成交价具有实质性的影响。开盘价高，最终成交价的水平就较高；相反，开盘价低，最终成交价的水平就较低。

（二）开盘价必须合情合理

开盘价要报得高一些，但绝不是指漫天要价、毫无道理、毫无控制，恰恰相反，高的同时必须合乎情理，必须能够讲得通才可以。如果报价过高、又讲不出道理，对方必然认为你缺少谈判的诚意，或者被逼无奈而中止谈判扬长而去；或者以其人之道还治其人之身，相对也来个“漫天要价”；或一一提出质疑，而我方又无法解释，其结果只好是被迫无条件让步。因此，开盘价过高将会有损于谈判。

同时，报价留出虚头的主要目的是为以后谈判留出余地，过高或过低都将为谈判造成困难。虚头留出多少，要视具体情况来定：竞争对手的多少、货源的情况、对手要货的用途、关系的远近等都会影响虚头的大小。

（三）报价应该坚定、明确、完整

报价时，态度要坚决、果断，毫无保留、毫不犹豫。这样做能够给对方留下我方是认真而诚实的好印象。要记住，任何欲言又止、吞吞吐吐的行为，必然会导致对方的不良感受，甚至会产生不信任感。

开盘价要明确、清晰和完整，以便对方能够准确地了解我方的期望。开盘报价的内容，通常包括价格、交货条件、支付手段、质量标准和其他内容。开价时，要把开盘的几个要件一一讲述清楚。

开价时，不要对本方所报价格做过多的解释、说明和辩解，因为，对方不管我方报价的水分多少都会提出质疑。如果在对方还没有提出问题之前，我们便加以主动说明，会提醒对方意识到我方最关心的问题，而这种问题有可能是对方尚未考虑过的问题。因此，有时过多的说明和解释，会使对方从中找到破绽或突破口，而向我方猛烈反击。

小案例

曾经有一个日本商人与我国某外贸公司洽谈进口机电设备，日商面对这家外贸公司给出的优惠条件却久拖不决。转眼过去了两个多月，原来一直兴旺的机电产品国际市场货满为患，价格暴跌，这时日商再以很低价格收购，使我方吃了大亏。日本商人经常采取拖延战术稳住谈判对手，谈判中一定要注意时机的把握。

上述三项原则为商务谈判的一般原则。报价在遵循上述原则的同时，必须考虑当时的谈判环境和与对方的关系状况。如果对方为了自己的利益而向我方施加压力，则我方就必须以高价向对方施加压力，以保护本方的利益；如果双方关系比较友好，特别是有过较长的合作关系，那么报价就应当稳妥一些，出价过高会有损于双方的关系；如果我方有很多竞争对手，那就必须把价格压低到至少能受到邀请而继续谈判的程度，否则便会淘汰出局，失去谈判的机会。

知识链接

谈判报价的方式

谈判双方在经过摸底之后，就开始报价。谈判报价的方式有两种。一种是本方先开价；另一种是对方先开价，本方后开价。究竟应该选择哪一种报价方式，要根据本方的条件和每种报价的利弊关系来决定。先开价的有利之处表现在两个方面。

一方面，先行报价，对谈判施加影响大，它实际上是给对方规定了谈判框架或基准线，谈判的最终协议将在这个范围内达成。

另一方面，先报价如果出乎对方的预料和设想，往往可以打破对方原有的部署，甚至动摇对方原来的期望值，使其失去信心。总之，先报价在整个谈判中都会持续地起作用，因此，先报价比后报价的影响要大得多。

任务二　讨价还价

任务导入

商务谈判实质性的磋商，主要还是围绕着价格展开的。谈判一旦进入实战阶段，必然会出现意料中的有关谈判双方价格争论、冲突甚至是僵局，也包括双方为最后达成交易而各自做出的让步。因此在磋商过程中，为尽早达成协议，在坚持条理、客观、礼节、沟通和节奏五个准则的同时，运用多种多样的谈判策略是必不可少的。

相关知识

在商务谈判中，价格磋商阶段是必不可少、至关重要的一步，同时也是是否盈利的关键。在价格的磋商阶段，讨价还价是激烈的，比拼的不仅仅是谈判人员的能力、智力、反应能力、口才，还有必不可少的谈判技巧和谈判经验。

还价也称为“还盘”，一般是指针对卖方的报价买方做出的反应性报价。还价是以讨价为基础的。卖方首先报价，买方通常不能全盘接受，但也不会全盘推翻，而是伴随价格评论向卖方讨价。卖方对买方的讨价通常也不会轻易允诺，但是也不会断然决绝，为了促成交易，往往伴随进一步的价格解释对报价做出改善。这样，经过一次又一次的讨价还价之后，为了达成交易，买方就要根据估算的卖方保留价格和自己的理想价格及策略性虚拟报价部分，并按照既定的策略的技巧，提出自己的反应性报价，即做出还价。如果说，卖方的报价规定了价格谈判中讨价还价范围的一个边界的话，那么，买方的还价将规定与其对立的一个边界。如此，双方即在这两条边界所规定的界区内，展开激烈的讨价还价。在商业谈判过程中，人们更多地关注和运用讨价还价的策略和技巧。深谙此道的人，即使处在不利的交易位置上，也能从交易中得到本不属于他们的好处；而不善于讨价还价的人，即使本应得到一笔可观的收益，或许只能得到其中极有限的部分。可见讨价还价的艺术值得人们去探讨。

一、吹毛求疵

在磋商阶段中，还价者常常使用“吹毛求疵”的技巧。其做法通常是：①百般挑剔。买方针对卖方的商品，想方设法地寻找缺点，鸡蛋里挑骨头，并夸大其词，虚张声势，以此作为自己的还价的依据，寻找突破口。②言不由衷。本来非常满意的商品，却有百般的理由说不满意，并故意提出让对方无法满足的要求，表明自己的“委曲求全”，以此为自己的还价寻找借口。在商务谈判中，吹毛求疵的办法不仅是可行的，而且还富有成效，它可以动摇卖方的自信心，迫使对方接受买方的价格，从而使买方获得较大的利益。否则的话，卖方会觉得买方没有诚意，甚至会被卖方所识破。

二、角色的扮演

正式的谈判，有一套相当复杂的角色系统：黑脸（坚持己方立场）、白脸（保持友好关系）、首席代表，再大一点的谈判还有强硬派和清道夫之类的角色。从某种意义上来说，谈判越重要，出席谈判的人数就会越多，并通常以单数组成谈判圈，以在必要的时候进行投票表决。

三、积少成多

积少成多是指为了实现自身的利益，耐心地通过一项项地谈、一点一点地取最终由此达到积沙成塔的效果。因为人们常常对微不足道的事情不太计较，比如对区区蝇头小利不太在乎，也不愿意为了一点点利益的分歧而伤害了彼此间的交易关系，这样，买方就可以根据这种心态，对总体交易进行分解，然后逐项分别进行还价，通过各项获得的似乎微薄的利益，最终实现自己的目标。诱因细分后的项目因其具体、容易寻找还价的理由，使自己的还价具有针对性和有根有据，从而易于被对方接受。例如，一些技术交易项目或大型谈判项目涉及许多方面技术构成也比较复杂，包括专利权、专有技术、人员培训、技术资料、图纸交换等方面。因此在对方报价、价格水分较大时，如果我们笼统地在价格上要求对方做机械的让步，既盲目效果也不理想。比较好的做法是把对方报价的目标分解，从中寻找出哪些技术是我们需要的价格，应该是多少，哪些是我们不需要的，哪一部分价格水分较大，这样讨价还价就有利得多。使用这一策略的另一种方式就是将目标分解后，进行对比分析，这非常有说服力。

小案例

美国一家药品公司向兽医们出售一种昂贵的兽药，价格比其他竞争产品贵很多，所以销售人员在向兽医推销时重点强调每头牛只需花 4 美分，从这个角度而言价格就微不足道了，但如果他们介绍每一包多花 40 美元，这显然就是一笔大款项了。

四、尊重对方，说理诱导

讨价还价首先要尊重对方，把对方看成是合作者。没有对方的配合，己方的利益也无从获取。而在某些交易市场上，买卖双方相互谩骂，甚至攻击的行为时有所见。毫无疑问这种谩骂、攻击谈判对手的做法是不理智的行为，这样只能导致谈判的彻底破裂。讨价还价只能采取说理的方式，诱导对方接受己方的条件。你为自己的价格准备的理由越多，就越有说服力，对方也就越有可能接受你的价格。

五、最大预算

运用最大预算的技巧，通常是在价格中一方面对卖方的商品及报价表示出感兴趣，另一方面又以自己的最大预算为由迫使卖方最后让步和接受自己的报价。

例如，在买衣服的时候，看到一件衣服款式特别新颖、颜色亮丽，属于自己喜欢的类型，向对方表示出非常喜欢，这时卖家的开价是 300 元，经过初次协商之后价格为 250 元，但是这个还是不是自己的预期交换价格，就对老板说“这衣服着实很喜欢，也特别想买，但是身为学生的我并没有那么多钱，身上只有 225 元，若是老板肯以这个价格成交的话，我下回还会光顾，同时还给你带生意来”。这样，买方以最大预算来实现了交易。这种还价的技巧在运用时要注意还价时机。经过多次的价格交锋，卖方报价中的水分已经不多，因此，以最大预算的激发还价，乃是最后一次价格交锋，迫使卖方做出最后的让步。其次还要准确判断卖方的意愿。一般卖方成交心切，就易于接受买方的最大预算的还价。否则卖家会待价而沽，少一分钱也不卖。同时还要准备变通办法。如果卖方不管你最大预算真假如何，坚持自己的原来立场，买方必须有变通的方法。一是固守最大预算，对方不让步，自己也不能让步，只好以无奈为由中断交易；二是维护最大预算，对方不让步，自己做出适当的让步。

六、最后通牒

最后通牒是指一方对另一方提出的必须接受的要求，否则将使用武力或者采取其他强制措施的外交文书。这是一种一方向另一方施加强大压力的手段。还价中采用最后通牒，即买方给卖方最后一个出价或期限，买方如果不接受，买方就已然退出谈判。这种方法通常为还价者施行。但是要取得成功必须得注意以下几点：①最后通牒的出价应使对方有接受的可能性，一般不能低于卖方的保留价格。否则，交易将陷入僵局。②给卖方最后通牒的时机要恰当，一般是在买主处于有利地位或者买方已将价格提高到接近理想价格时发出最后通牒。③发出最后通牒前，应该设法让卖方有所投入。

知识链接

商务谈判讨价还价的意义

第一，有利于降低谈判成本，提高谈判效率。

合理的讨价还价策略在满足对方的基础上，又同时努力地为己方争取更多、更长远的利益。追求合作与竞争的辩证统一。于合作的基础上竞争，在考虑对方合理利益、谋求一致的过程中实现双赢，加速协议的达成。

第二，有利于树立企业形象，拓宽生存空间。

企业是以营利为目的的，都是以追求利润最大化为目标，实现企业的价值最大化。但企业的价值最大化未必等于利润最大化，而是在实现利润最大化的过程中，取得企业品牌，美誉度、社会形象等的最大化。

第三，有利于协调双方关系，提高合作机会。

合理的讨价还价策略是建立在正确价值观的基础上，在考虑到己方的条件和需求，还会兼顾对方的合理利益，使对方从心理上认同、接纳、信任自己。在注重眼前利益的同时，充分考虑到战略利益及企业的长远发展。讨价还价策略的合理运用，也会给谈判对方更多的心理满足，从而营造愉快的谈判气氛，建立良好的关系，有利于促进和加强双方的合作关系，有利于合同的履行和双方的长期利益。

任务三　谈判让步

任务导入

在商务谈判中，让步是经常发生的。从某种意义上说，让步是谈判双方为达成协议而必须承担的义务。商务谈判各方要明确己方所追求的最终目标，以及为达到该目标可以或愿意做出哪些让步。让步本身就是一种谈判策略，它体现了谈判人员通过主动满足对方需要的方式来换取自己需要满足的精神实质。但是，在谈判让步的前前后后，必须注意让步的技巧，不能无意识的让，也不能乱让，需要我们掌握让步的章法与技巧。

相关知识

从商务谈判双方利益属性分析，大致有三种对话沟通的形式：第一种，谈判双方利益目标完全一致，通过谈判来协调双方的计划和行为方式，以期形成合力及相互的配合策略；第二种，谈判双方利益目标不同，通过双方谈判协调，在不同程度上满足双方的需要，形成利益互补；第三种，谈判双方利益目标相对，通过谈判缓和相互间的对抗，寻找各自的利益目标。这三种利益协调、互换的形式都是建立在双方存在互相联系、拥有共同利益的基础之上的。这三种利益交换形式都要求谈判双方尊重对方的利益目标，从双方共同利益出发，做出不同程度的让步。反之，若一味地坚持本方的立场观点、利益目标和行为方式而毫不退让，谈判中的分歧就无法弥合，对抗就无法缓和。即使双方利益目标一致，也会发生主要与次要、整体与局部、长期与近期等矛盾，造成力量分散的局面。因此，谈判的战略目标决定了谈判让步的必要性。

一、让步的基本原则

（一）目标价值最大化原则

在目标之间，依照重要性和紧迫性建立优先顺序，优先解决重要及紧迫目标，在条件允许的前提下适当争取其他目标，其中的让步策略就是首要保护重要目标价值的最大化。但这种目标价值的最大化并不是所有目标的最大化，如果是这样的话就违背了商务谈判中的平等公正原则，因此也避免不了在处理不同价值目标时使用让步策略。不可否认，在实践中，不同目标之间的冲突是时常发生的，但不同目标中的重要价值及紧迫程度也是不同的，所以处理这类矛盾的原则就是要在不同目标之间，依照其重要性和紧迫性建立优先顺序，优先解决重要及紧迫目标，在条件允许的前提下适当争取其他目标，但也应注意目标不要太多，以免顾此失彼，甚至自相混乱，留以谈判对手可乘之机。

（二）刚性原则

没有回报，决不让步。在谈判中可以使用的让步资源是有限的，让步策略运用的力度只能是先大后小。在谈判中，谈判双方在寻求自己目标价值最大化的同时也对自己最大的让步有一定准则。换句话说，谈判中可以使用的让步资源是有限的，所以，让步策略的使用是具有刚性的，其运用的力度只能是先小后大，一旦让步力度下降或减小则以往的让步价值随即失去意义；谈判对手对于让步的体会具有一定的“抗药性”，一种方式的让步使用几次就失去了效果。与此同时也应该注意到谈判对手的某些需求是无止境的。必须认识到，让步策略的运用是有限的，我们要时刻对让步资源的投入与自己所期望效果的产出进行对比分析，必须做到让步价值的投入小于所产生的积极效益。在使用让步资源时一定要有所获利润的预算，并不是投入越多回报越多，而是要寻求一个二者之间的最佳组合。

（三）时机原则

所谓让步策略中的时机原则就是在适当的时机和场合做出适当、适时的让步，使谈判让步的作用发挥到最大、所起到的作用最佳。虽然让步的时机说起来容易，但在谈判的实际过程中，时机是非常难以把握的，很多人都会出现对让步的时机把握不准确的问题。因此在商务谈判中，谈判者应掌握时机谨慎让步，要让对方意识到你的每一次让步都是艰难的。相反，轻而易举地获得你的让步不但不会使对方在心理上获得满足感，反而会怀疑你的让步。“一伸手就摘到的苹果不甜”，而慢慢的让步，不但使对手心理上感到满足，而且会更加珍惜它。

（四）清晰原则

事前做好让步的计划，且应该是清晰而有序的，将具有实际价值和没有实际价值的条件区别开来，在不同的阶段和条件下使用。即让步的标准、让步的对象、让步的理由、让步的具体内容及实施细节应当准确明了，避免因为让步而导致新的问题和矛盾。

（五）以退为进原则

谈判中运用以退为进的策略往往是很奏效的，“退一步海阔天空”，后退一小步，为的是前进一大步。以退为进不是消极地退让，其目的还是实现自己的目标。

（六）弥补原则

如果迫不得已，己方再不作出让步就有可能使谈判夭折的话，也必须把握住“此失彼补”这一原则。即这一方面虽然己方给了对方优惠，但在另一方面必须加倍，至少均等的获取回报，以保持我们全盘的优势，获得谈判的胜利。

在商务谈判中，为了达成协议，让步是必要但不是轻率的行动，必须慎重处理。谈判让步是为了打破谈判僵局，促使谈判合作的顺利进行，从而达到谈判各方所期待的结果。

二、让步的方式

在谈判的过程中，赢者总是比输者更能控制自己的让步程度，特别是在谈判快形成僵局时更为显著。谈判里的输者，往往是无法控制让步的程度；赢者则是不停地改变自己的让步方式，令人难以揣测。让步方式通常可分为 8 种，如下表所示。

让步的方式

冒险型	这是一种较坚定的让步方式。它的特点是在谈判的前期阶段，无论对方作何表示，己方始终坚持初始报价，不愿作出丝毫的退让。到了谈判后期或迫不得已的时候，却作出大步的退让。当对方还想要求让步时，己方又拒不让步了。这种让步方式往往让对方觉得己方缺乏诚意，容易使谈判陷入僵局，甚至可能导致谈判的失败。因此，可把这种让步方式概括为“冒险型”
刺激型	这是一种以相等或近似相等的幅度逐轮让步。这种方式的缺点在于让对方每次的要求和努力都得到满意的结果，因此很可能会刺激对方要求无休止让步的欲望，并坚持不懈地继续努力以取得进一步让步，而一旦让步停止就很难说服对方，从而有可能造成谈判的中止或破裂。但是，如果双方价格谈判轮数比较多、时间比较长，这种“刺激型”的让步方式也可以显出优越性，每一轮都作出微小的但又带有刺激性的让步。把谈判时间拖得很长，往往会使谈判对手厌烦不堪、不攻自退。因此，可把这种让步方式称为“刺激型”

续 表

诱发型	这是一种让步幅度逐轮增大的方式。在实际的价格谈判中应尽力避免采取这种让步方式，因为这样做的结果会使对方的期望值越来越大，每次让步之后，对方不但感到不满足，并且会认为己方软弱可欺，从而助长对方的谈判气势，诱发对方要求更大让步的欲望，使己方遭受重大损失。这种让步方式可以概括为“诱发型”
希望型	这是一种让步幅度逐轮递减的方式。这种方式的优点在于：一方面让步幅度越来越小，使对方感觉己方是在竭尽全力满足其要求，也显示出己方的立场越来越强硬，同时暗示对方虽然己方仍愿妥协，但让步已经到了极限，不会再轻易作出让步；另一方面让对方看来仍留有余地，使对方始终抱着把交易继续进行下去的希望。因此，可以把这种让步方式称为“希望型”
妥协型	这种让步方式的特点是：开始先作出一次巨大的退让，然后让步幅度逐轮减少。这种方式的优点在于；它既向对方显示出谈判的诚意和己方强烈的妥协意愿，同时又向对方巧妙地暗示出己方已尽了最大的努力，做出了最大的牺牲，因此进一步的退让已近乎不可能，从而显示出己方的坚定立场。这种方式可称为“妥协型”
危险型	这是一种巧妙而又危险的让步方式。开始作出的让步幅度巨大，但在接下来的谈判中则坚持己方的立场，丝毫不做出让步，使己方的态度由骤软转为骤硬，同时也会使对方由喜变忧，又由忧变喜，具有很强的迷惑性。开始的巨大让步将会大幅度地提高买方的期望，不过接下来的毫不退让和最后一轮的小小让步会很快抵消这一效果。这是一种很有技巧的方法，它向对方暗示，即使进一步的讨价还价也是徒劳的。但是，这种方式本身也存在一定的风险性。首先，它把对方的巨大期望在短时间内化为泡影，可能会使对方难以适应，影响谈判顺利进行。其次，开始作出的巨大让步可能会使卖主丧失在高价位成交的机会。这种方式可称为“危险型”
欺骗型	这种让步方式代表一种更为奇特和巧妙的让步策略，因为它更加有力地、巧妙地操纵了对方的心理。第一轮先作出一个很大的让步，第二轮让步已经到了极限，但在第三轮却安排小小的回升（对方一般情况下当然不会接受），然后在第四轮再假装被迫作出让步，一升一降，实际让步总幅度未发生变化，却使对方得到一种心理上的满足。这种方式可称为“欺骗型”
低劣型	这是一种比较低劣的让步方式。在谈判一开始，就把己方所能作出的让步和盘托出，这不仅会大大提高对方的期望值，而且也没有给己方留出丝毫的余地。接下来的完全拒绝让步显得既缺乏灵活性，又容易使谈判陷入僵局。这种让步方式只能称为“低劣型”

知识链接

让步策略的注意事项

（1）运用让步策略就必须要懂得让步的辩证法，谈判中所做出的让步是具体问题具体分析的，不能盲目地去应用，要根据当时的具体情况来选择让步的措施，而这些让步的目的只有一个，那就是要争取己方利益的最大化。

（2）在谈判中要懂得让步的重要心理因素。在让步过程中要清楚一点，那就是“不要轻易让对方从你的手里获得让步”。对方能轻易得到让步就会拒绝为你做出让步，更谈不上更大的让步；相反，对方会珍视从你手里很费力得到的微小让步，而且他也会乐意为你做出相应的让步。

（3）除了在必须时做出的让步之外，应该在较小的、次要的方面进行主动让步，从而争取对手在较大的问题上做出让步来回报自己。

在商务谈判中，为了能达成一个协议，做出让步是不可避免的。不过这种让步又不是盲目的，在商务谈判中的让步策略包含很多理论和技巧，只有把让步策略的相关知识烂熟于心再加上商战中的实践应用才能说是真正地掌握了让步策略，才能更好地应用。成功的让步策略将会对商务谈判起到助推器的作用，可以帮助谈判者达到谈判的预期目的以及利益的最大化。

任务四　谈判僵局

任务导入

僵局在协议磋商或执行过程中随时都有可能发生，任何问题都有可能形成分歧与对峙。了解谈判僵局出现的原因，避免僵局出现，一旦出现僵局能够运用科学有效的策略和技巧打破僵局，重新使谈判顺利进行下去，就成为谈判者必须掌握的重要技能。

相关知识

一、谈判僵局的含义

谈判僵局是指在商务谈判过程中，当双方对所谈问题的利益要求差距较大，各方又都不肯做出让步，导致双方因暂时不可调和的矛盾形成对峙，而使谈判呈现出一种不进不退的僵持局面。

在谈判中谈判双方各自对利益的期望或对某一问题的立场和观点存在分歧，很难达成共识，而又都不愿做出妥协向对方让步时，谈判进程就会出现停顿，谈判即陷入僵持状态。谈判僵局出现后对谈判双方的利益和情绪都会产生不良影响。谈判僵局会有两种后果：打破僵局继续谈判和谈判破裂，当然后一种结果是双方都不愿看到的。

二、谈判僵局产生的原因

了解谈判僵局产生的原因，避免僵局出现，一旦出现僵局能够运用科学有效的策略和技巧打破僵局，重新使谈判顺利进行下去，就成为谈判者必须掌握的重要技能。

（一）立场观点的争执

双方各自坚持自己的立场观点而排斥对方的立场观点，形成僵持不下的局面。在谈判过程中如果双方对各自立场观点产生主观偏见，认为己方是正确合理，而对方是错误的，并且谁也不肯放弃自己的立场观点，往往会出现争执，陷入僵局。双方真正的利益需求被这种立场观点的争论所搅乱，而双方又为了维护自己的面子，不但不愿做出让步，反而用否定的语气指责对方，迫使对方改变立场观点，谈判就变成了不可相容的立场对立。谈判者出于对己方立场观点的维护心理往往会产生偏见，不能冷静尊重对方观点和客观事实。双方都固执己见排斥对方，而把利益忘在脑后，甚至为了“捍卫”立场观点的正确而以退出谈判相要挟。

这种僵局处理不好就会破坏谈判的合作气氛，浪费谈判时间，甚至伤害双方的感情，使谈判最终走向破裂的结局。立场观点争执所导致的僵局是比较常见的，因为人们很容易在谈判时陷入立场观点的争执不能自拔而使谈判陷入僵局。

（二）面对强迫的反抗

一方向另一方施加强迫条件，被强迫一方越是受到逼迫，就越不退让，从而形成僵局。一方占有一定的优势，他们以优势者自居向对方提出不合理的交易条件，强迫对方接受，否则就威胁对方。被强迫一方出于维护自身利益或是维护尊严的需要，拒绝接受对方强加于己方的不合理条件，反抗对方强迫。这样双方僵持不下，使谈判陷入僵局。

（三）信息沟通的障碍

谈判过程是一个信息沟通的过程，只有双方信息实现正确、全面、顺畅的沟通，才能互相深入了解，才能正确把握和理解对方的利益和条件。但是实际上双方的信息沟通会遇到种种障碍，造成信息沟通受阻或失真，使双方产生对立，从而陷入僵局。

信息沟通障碍指双方在交流信息过程中由于主客观原因所造成的理解障碍。其主要表现为：由于双方文化背景差异所造成的观念障碍、习俗障碍、语言障碍；由于知识结构、教育程度的差异所造成的问题理解差异；由于心理、性格差异所造成的情感障碍；由于表达能力、表达方式的差异所造成的传播障碍，等等。信息沟通障碍使谈判双方不能准确、真实、全面地进行信息、观念、情感的沟通，甚至会产生误解和对立情绪，使谈判不能顺利进行下去。

（四）谈判者行为的失误

谈判者行为的失误常常会引起对方的不满，使其产生抵触情绪和强烈的对抗，使谈判陷入僵局。例如，个别谈判人员工作作风、礼节礼貌、言谈举止、谈判方法等方面出现严重失误，触犯了对方的尊严或利益，就会产生对立情绪，使谈判很难顺利进行下去，造成很难堪的局面。

（五）偶发因素的干扰

在商务谈判所经历的一段时间内有可能出现一些偶然发生的情况。当这些情况涉及谈判某一方的利益得失时，谈判就会由于这些偶发因素的干扰而陷入僵局。例如，在谈判期间外部环境发生突变，某一谈判方如果按原有条件谈判就会蒙受利益损失，于是他便推翻已做出的让步，从而引起对方的不满，使谈判陷入僵局。由于谈判不可能处于真空地带，谈判者随时都要根据外部环境的变化而调整自己的谈判策略和交易条件，因此这种僵局的出现也就不可避免了。

以上是造成谈判僵局的几种因素。谈判中出现僵局是很自然的事情，虽然人人都不希望出现僵局，但是出现僵局也并不可怕。面对僵局不要惊慌失措或情绪沮丧，更不要一味指责对方没有诚意，要弄清楚僵局产生的真实原因是什么，分歧点究竟是什么，谈判的形势怎样，然后运用有效的策略技巧突破僵局，使谈判顺利进行下去。

三、谈判僵局的类型

从总体上看，商务谈判的僵局归纳起来有以下几类。

其一，策略性僵局。即谈判的一方有意识地制造僵局，给对方造成压力而为己方争取时间和创造优势的延迟性质的一种策略。

其二，情绪性僵局。即在谈判过程中，一方的讲话引起对方的反感，冲突升级，出现唇枪舌剑、互不相让的局面。

其三，实质性僵局。即双方在谈判过程中涉及商务交易的核心——经济利益时，意见分歧较大，难以达成一致意见，双方又固守己见，毫不相让，就会导致实质性僵局。

四、谈判僵局的处理

（一）回避分歧，转移议题

当双方对某一议题产生严重分歧都不愿意让步而陷入僵局时，一味地争辩并不能解决问题，可以采用回避有分歧的议题，换一个新的议题与对方谈判。这样做有两点好处：①可以争取时间先进行其他问题的谈判，避免长时间的争辩耽误宝贵的时间；②当其他议题经过谈判达成一致之后，对有分歧的问题产生正面影响，再回过头来谈陷入僵局的议题时，气氛会有所好转，思路会变得开阔，问题的解决便会比以前容易得多。

（二）尊重客观，关注利益

由于谈判双方各自坚持己方的立场观点，由于主观认识的差异而使谈判陷入僵局。这时候处于激烈争辩中的谈判者容易脱离客观实际，忘掉大家的共同利益是什么。所以，当谈判者陷入僵局时，首先要克服主观偏见，从尊重客观的角度看问题，关注企业的整体利益和长远目标，而不要一味追求论辩的胜负。如果是由于某些枝节问题争辩不休而导致僵局，这种争辩是没有多大意义的。即使争辩的是关键性问题，也要客观地评价双方的立场和条件，充分考虑对方的利益要求和实际情况，认真冷静地思索己方如何才能实现比较理想的目标。理智地克服一味地希望通过坚守自己的阵地来“赢”得谈判的做法。这样才能静下心来面对客观实际，为实现双方共同利益而设法打破僵局。

（三）多种方案，选择替代

如果双方仅仅采用一种方案进行谈判，当这种方案不能为双方接受时，就会形成僵局。实际上谈判中往往存在多种满足双方利益的方案。在谈判准备期间就应该准备出多种可供选择的方案。一旦一种方案遇到障碍，就可以提供其他的备用方案供对方选择，使“山重水复疑无路”的局面转变成“柳暗花明又一村”的好形势。谁能够创造性提供可选择的方案，谁就能掌握谈判的主动权。当然这种替代方案要既能维护己方切身利益，又能兼顾对方的需求，才能使对方对替代方案感兴趣，进而从新的方案中寻找双方的共识。

（四）尊重对方，有效退让

当谈判双方各持己见互不相让而陷入僵局时，谈判人员应该明白，坐到谈判桌上的目的是达成协议实现双方共同利益，如果促使合作成功所带来的利益要大于固守己方立场导致谈判破裂的收获，那么退让就是聪明有效的做法。

采取有效退让的方法打破僵局基于三点认识：第一，己方用辩证的思考方法，明智地认识到在某些问题上稍做让步，而在其他问题上争取更好的条件；在眼前利益上做一点牺牲，而换取长远利益；在局部利益上稍做让步，而保证整体利益。第二，己方多站在对方的角度看问题，消除偏见和误解，对己方一些要求过高的条件做出一些让步。第三，这种主动退让姿态向对方传递了己方的合作诚意和尊重对方的宽容，促使对方在某些条件做出相应的让步。如果对方仍然坚持原有的条件寸步不让，证明对方没有诚意，己方就可以变换新的策略，调整谈判方针。

（五）冷调处理，暂时休会

当谈判出现僵局而一时无法用其他方法打破僵局时，可以采用冷调处理的方法，即暂时休会。由于双方争执不下，情绪对立，很难冷静下来进行周密的思考。

休会以后，双方情绪平稳下来，可以冷静地思考一下双方的差距究竟是什么性质，对前一阶段谈判进行总结，考虑一下僵局会给己方带来什么利益损害，环境因素有哪些发展变化，谈判的紧迫性如何，等等。另外也可以在休会期间向上级领导做汇报，请示一下高层领导对处理僵局的指导意见，对某些让步策略的实施授权给谈判者，以便谈判者采取下一步的行动。

再有，可以在休会期间让双方高层领导进行接触，融洽一下双方僵持对立的关系；或者组织双方谈判人员参观游览、参加宴会、舞会和其他娱乐活动。活动中双方在轻松愉快的气氛中进行无拘无束的交流，进一步交换意见，重新营造友好合作、积极进取的谈判气氛。经过一段时间的休会，当大家再一次坐到谈判桌上的时候，原来僵持对立的问题会比较容易沟通和解决，僵局也就随之被打破了。

（六）以硬碰硬，据理力争

当对方提出不合理条件，制造僵局，给己方施加压力时，特别是在一些原则问题上表现得蛮横无理时，要以坚决的态度据理力争。因为这时如果做出损害原则的退让和妥协，不仅会损害己方的利益和尊严，也会助长对方的气焰。所以，己方要明确表示拒绝接受对方的不合理要求，揭露对方故意制造僵局的不友好行为，使对方收敛起蛮横无理的态度，自动放弃不合理的要求。

这种方法首先要体现出己方的自信和尊严，不惧怕任何压力，追求平等合作的原则；其次要注意表达的技巧性，用绵里藏针、软中有硬的方法回击对方，使其自知没趣，主动退让。

（七）孤注一掷，背水一战

当谈判陷入僵局时，己方认为自己的条件是合理的，无法再做让步，而且又没有其他可以选择的方案，己方可采用孤注一掷、背水一战的策略。将己方条件摆到谈判桌上，明确表示自己已无退路，希望对方能做出让步，否则情愿接受谈判破裂的结局。当谈判陷入僵局而又没有其他方法解决的情况下，这个策略往往是最后一个可供选择的策略。

在做出这一选择时，己方必须做好最坏的打算，做好承受谈判破裂的心理准备。因为一旦对方不能接受己方条件，就有可能导致谈判破裂。在己方没有做好充分的准备时，在己方没有多次努力尝试其他方法打破僵局时，不能贸然采用这一方法。

这种策略使用的前提条件是己方的要求是合理的，而且也没有退让的余地，因为再退让就会损害己方根本利益。另一前提条件是己方不怕谈判破裂，不会用牺牲企业利益的手段去防止谈判破裂。如果对方珍惜这次谈判和合作机会，在己方做出摊牌之后，有可能选择退让的方案，使僵局被打破，达成一致的协议。

知识链接

制造僵局应考虑的因素

当谈判者不能按期达成协议，而陷入僵局时，将成为一股巨大的压力。僵局是一种具有强烈暗示性的不确定状态，它可能意味着谈判即将破裂。在僵局客观形成的压力下，谈判者往往会心急如焚，甚至会有病乱投医，并会以大幅度的让步来试图排除这股压力。因此，知道制造僵局的一般规律更有助于利用僵局。

（1）让对方有选择的余地。

（2）给自己留有余地。

（3）对于僵局的产生是由于未能达成协议而引起利益损失，而不是源于双方自尊心的损害，破解僵局最好的办法不是相互道歉，而是达成协议。

（4）制造僵局的同时找到走出僵局的办法，并不能认为僵局是不可救药的，在知道僵局之前要设计出排除僵局的退路。发一顿火而毫无补救办法是非常危险的。

（5）确信自己是有道理的，造成僵局是由于双方的过错。

（6）谈判者敢于利用僵局，但不伤害感情。面对僵局，关键在于有一套有效地消除敌对情绪的办法。因此，为了达到“不打不成交”的效果，谈判者必须精心设计出一套完整的缓和情感的方案。

实践操作

柯泰伦曾是苏联派驻挪威的全权代表。她精明强干，可谓女中豪杰。她的才华多次在外交和商务谈判上得以展示。有一次，她就进口挪威鲱鱼的有关事项与挪威商人谈判。挪威商人精于谈判技巧，狮子大开口，出了个大价钱，想迫使买方把出价抬高后再与卖方讨价还价。买卖双方坚持自己的出价，谈判气氛十分紧张。各方都拿出了极大的耐心，不肯调整已方的出价，都希望削弱对方的信心，迫使对方做出让步。谈判进入了僵持的状态。柯泰伦为了打破僵局，决定运用谈判技巧，迂回逼进。她对挪威商人说：“好吧，我只好同意你们的价格啦，但如果我方政府不批准的话，我愿意以自己的工资支付差额，当然还要分期支付，可能要支付一辈子的。”柯泰伦这一番话表面上是接受了对方的价格，但实际上却是对对方的心理攻势。他们怎么能让贸易代表自己出工资支付合同货款呢？她巧妙的语言技巧，恰当地拒绝对方的要求。挪威商人对这样的谈判对手无可奈何。他们只好把鲱鱼的价格降下来。

分析：

面对挪威商人的狮子大开口，柯泰伦坚持出价要低，让步要慢的原则，用精湛的语言技巧，巧妙地表达了自己想要合作的愿望，使得对方在心理层面上也不好意思再抬高价格。她的一番话看似是让步，实际上是以退为进的打破了谈判的僵局。试想若没有她的一番诚恳的话语，谈判很可能僵持下去。可见，在商务谈判中适时运用语言技巧和心理战术，能对僵局打破起到很大的作用。

巩固提升

20 世纪 80 年代，蛇口招商局负责人袁庚，同美国 PPC 集团签订合资生产浮法玻璃的协议。谈判时，在蛇口方面每年所付给美方的知识产权费用占销售总额的比例上，双方产生了较大的分歧。美方要价是 6%，而蛇口方面还价是 4%，经过一番讨价还价的争论，美方被迫降下来一个百分点，要价为 5%；而蛇口方面还价是 4.5%。这时，双方都不肯再让步了，于是谈判出现了僵局。怎么办呢？休会期间，袁庚出席美方的午餐会，在应邀发表演讲时，他念念不忘台下的 PPC 集团的谈判对手，于是故意将话题转向谈论中国文化上。他充满豪情地说：“早在千年以前，我们民族的祖先就将四大发明——指南针、造纸术、印刷术和火药无条件地贡献给了全人类，而他们的后代子孙却从未埋怨过不要专利权是愚蠢的；恰恰相反，他们盛赞祖先具有伟大的风格和远见。”一席豪情奔放的讲话，把会场的气氛激活了。接下去，袁庚转到正题上。说：“我们招商局在同PPC集团的合作中，并不是要求你们也无条件地让出专利，不，我们只要求你们要价合理——只要价格合理，我们一分钱也不会少给！”这番话，虽然是在谈判桌外说的，却深深触动了在座的PPC集团的谈判者。回到谈判桌以后，PPC集团很快做出了让步，同意以4.75%达成协议，为期10年。蛇口的这个协议，比其他城市的同类协议开价低出了一大截。从达成的协议上不难看出，与最初的要价相对比，美方让步是1.25个百分点，而我方让步仅0.75个百分点。

问题：

试分析让步策略在商务谈判中的运用技巧。

模块六　商务谈判签约

学习目标

知识目标：

1. 了解商务谈判终结的判定方法；

2. 熟悉商务谈判结束的方式与结果，掌握商务谈判终结的基本方法、技巧及具体的策略，了解成交应具备的条件与主要影响因素；

3. 商务合同的含义及内容。

能力目标：

1. 掌握成交促成策略；

2. 了解商务合同权利义务的终止和违约责任；

3. 能在商务谈判终结阶段熟练运用各种方法与技巧。

任务一　结束谈判

任务导入

李刚最近新开发了一家全球知名跨国公司客户，经过一个多月的接触和多次谈判，双方签订了长期供货合作协议，李刚非常高兴签订了这个大客户，并决心维护好与他们的关系。两天前客户第一笔订单传真了过来，对方交货期是自下订单当日算起两周后的月底，李刚想这是大客户，一定要做好服务工作，于是提前一周送货上门。送货后第四天，此客户采购部给李刚所在公司发来一份传真，要求李刚公司支付仓储费用及其他人工费用 12000 元，理由是李刚公司提前送货，没有按照合同规定执行，给对方增加了额外的负担。

不疑，反之则会给人一个“听不明白”“越听越糊涂”，或“听了以后反增加疑虑”的感受，这必然会影响商品的成交机会。如果谈判人员善于创造一种氛围，有效地诱导对方，则肯定会给商品多一些成交机会，反之，即使有了成交机会，也可能会丧失。

（二）成交信号的识别

成交信号是指商务谈判的各方在谈判过程中所传达出来的各种希望成交的暗示。对大多数商务谈判人员而言，如何第一时间识别对方发出的成交信号，在对方发出此类信号时能向成交的方向引导，并最终促成成交，成为所有成功谈判的“必杀技”。而一些经验欠丰富的谈判人员，往往在对方发出成交信号时，仍然南辕北辙，最终导致与成交擦肩而过，失之交臂。那如何成功识别对方的“信号”呢？

1. 成交的语言信号

在谈判过程中，谈判对手最容易通过语言方面的表现流露出成交的意向，经验丰富的谈判人员往往能够通过对对手的密切观察及时、准确地识别对手通过语言信息发出的成交信号，从而抓住成交的有利时机。①某些细节性的询问表露出的成交信号。当对手产生了一定的成交意向后，如果谈判人员细心观察、认真揣摩，往往可以从他（她）对一些具体信息的询问中发现成交信号。比如，他们向你询问一些比较细致的产品问题，向你打听交货时间，向你询问产品某些功能及使用方法，向你询问产品的附件与赠品，向你询问具体的产品维护和保养方法，或者向你询问其他老客户的反应、询问公司在客户服务方面的一些具体细则，等等。在具体的交流或谈判实践中，对手具体采用的询问方式各不相同，但其询问的实质几乎都可以表明其已经具有了一定的成交意向，这就要求谈判人员迅速对这些信号做出积极反应。②某些反对意见表露出的成交信号。有时，对手会以反对意见的形式表达他们的成交意向，比如他们对产品的性能提出质疑，对产品的某些细微问题表达不满，等等。对手有时候提出的某些反对意见可能是他们真的在某些方面存在不满和疑虑，谈判人员需要准确识别成交信号和真实反对意见之间的区别，如果一时无法准确识别，那么不妨在及时应对反对意见的同时，对他们进行一些试探性的询问以确定对手的真实意图。

2. 成交的行为信号

有时，对手可能会在语言询问中采取声东击西的战术，比如他们明明希望产品的价格能够再降一些，可是他们却会对产品的质量或服务品质等提出反对意见。这时，谈判人员很难从他们的语言信息中有效识别成交信号。在这种情形下，谈判人员可以通过对手的行为信息探寻成交的信号。比如，当对方对样品不断抚摸表示欣赏之时，当他们拿出产品说明书反复观看时，在谈判过程中忽然表现出很轻松的样子时，当对方在你进行说服活动时不断点头或很感兴趣地聆听时，当他们在谈判过程中身体不断向前倾时，等等。当对手通过其一定的行为表现出某些购买动机时，谈判人员还需要通过相应的推荐方法进一步增加对手对产品的了解，比如，当对手拿出产品的说明书反复观看时，谈判人员可以适时地针对说明书的内容对相关的产品信息进行充分说明，然后再通过语言上的询问进一步确定对手的购买意向，如果对手并不否认自己的购买意向，那么谈判人员就可以借机提出成交要求，促进成交的顺利实现。

情景一：

客户："我还从来没有用过这种产品，那些使用过的客户感觉用起来方便吗？"销售人员："当然了，操作简单、使用方便是这种新产品的一个重要特点。以前也有一些客户在购买之前怕使用起来不方便，可是在购买之后他们觉得这种产品既方便又实用，所以已经有很多客户长期到我们这里来购买产品了，您现在就可以试一试，如果您也觉得用起来方便的话，就可以买回去好好享用它的妙处了……"

情景二：

"如果三年以后产品出现问题该怎么办？"销售人员："您提的这个问题确实很重要，我们公司也一直关注这个问题。为了给客户提供更满意的服务，我们公司已经在各大城区建立了便民维修点，如果在保修期之外出现问题的话，您只要给公司总部的服务台打电话说明您的具体地址，那么我们公司就会派离您最近的便民维修点上门服务，服务过程中只收取基本的材料费用而不收取任何额外的服务费……"如果您也觉得用起来方便的话，就可以买回去好好享用它的妙处了……"

3. 成交的表情信号

对手的面部表情同样可以透露其内心的成交欲望。比如，当对手的眼神比较集中于你的说明或产品本身时，当对手的嘴角微翘、眼睛发亮显出十分兴奋的表情时，当对手渐渐舒展眉头时，等等，这些表情上的反应都可能是对手发出的成交信号，谈判人员需要随时关注这些信号，一旦对手通过自己的表情语言透露出成交信号后，谈判人员就要及时做出恰当的回应。

小案例

在一次与客户进行谈判的过程中，我发现那位顾客从一开始就一直紧锁眉头，而且还时不时地针对产品的质量和服务提出了一些反对意见。对他提出的问题我都一一给予了耐心、细致的回答，同时我还针对市场上同类产品的一些不足强调了本公司产品的竞争优势，尤其是针对顾客比较关心的服务品质方面着重强调了本公司相对完善的顾客服务系统。在我向对手一一说明这些情况的时候，我发现他对我的推荐不再是一副漠不关心的模样，他的眼睛似乎在闪闪发亮，我知道我的介绍说到了他的心坎儿上，于是我便趁机询问他需要订购多少产品，对手告诉我他们打算订购的产品数量，我知道这场谈判很快就要成功了……”

4. 成交的进程信号

转变洽谈环境，主动要求进入洽谈室或在谈判人员要求时，非常痛快地答应，或谈判人员在合同书写内容做成交付款动作时，对方没有明显的拒绝和异议。向谈判人员介绍自己同行的有关人员，特别是谈判的决策人员。如主动向谈判人员介绍“这是李经理”“这是我们公司领导×××”等。根据终端环境的不同，谈判对象的不同，产品的不同，谈判人员介绍能力的不同，成交阶段的不同，对手表现出来的成交信号也千差万别。优秀的谈判人员可以在终端实战中不断总结、不断揣摩、不断提升。

二、成交促成的策略

成交促成策略是在成交过程中，谈判人员在适当的时机，用以启发对手做出决策，达成协议的谈判技巧和手段。对于任何一个谈判人员而言，熟悉并掌握各种成交的方法和技巧是非常重要的。

（一）主动请求法

谈判人员用简单明确的语言，向谈判对手直截了当地提出成交建议，也叫直接请求成交法。这是一种最常用也是最简单有效的方法。主动请求法的优点是可以有效地促成购买；可以借要求成交向对方直接提示并略施压力；可以节省洽谈时间，提高谈判效率。但它也存在一些局限性，如过早直接提出成交可能会破坏不错的谈判气氛；可能会给对手增加心理压力；可能使对手认为谈判人员有求于他，从而使谈判人员处于被动地位，等等。运用主动请求法，应把握成交时机，一般来说向关系比较好的老顾客谈判时；在对手不提出异议，想购买又不便开口时，在对手已有成交意图，但犹豫不决时是最佳时机。

（二）自然期待法

谈判人员用积极的态度，自然而然地引导对手提出成交的一种方法。自然期待法并非完全被动等待对手提出成交，而是在成交时机尚未成熟时，以耐心的态度和积极的语言把洽谈引向成交。自然期待法的优点是较为尊重对手的意向，避免对手产生抗拒心理；有利于保持良好的谈判气氛，循序诱导对手自然过渡到成交上；防止出现新的僵局和提出新的异议。但缺陷也明显存在，主要的是可能会贻误成交时机，同时，花费的时间较多，不利于提高谈判效率。谈判人员运用自然期待法时，既要保持耐心温和的态度，又要积极主动地引导。谈判人员在期待对手提出成交时，不能被动等待，要表现出期待的诚意，交代成交的有利条件，或用身体语言进行一定的暗示。

小案例

轰动世界的美国促销奇才哈利，16 岁在马戏团做童工时，就非常懂得做生意的要诀，善于吸引顾客前来光顾。有一次他在马戏团售票口处，使出浑身的力气大叫："来！来！来看马戏的人，我们赠送一包美味的花生米。"观众就像被磁铁吸引了一样，涌向马戏场。这些观众边吃边看，一会就觉得口干，这时哈利又适时叫卖柠檬水和各种饮料。其实，哈利在加工这些五香花生米时，就多加了许多盐。因此观众越吃越干，这样他的饮料生意才兴隆。以饮料的收入去补济花生米的损失，收益甚丰。这种颇有心计而又合法的促销绝招，不动脑筋是想不出来的。

（三）配角赞同法

配角赞同法是指谈判人员把对方作为主角，自己以配角的身份促成交易的实现。从性格学理论来讲，人的性格多种多样，如外向型与内向型，独立型与支配型，等等。一般人都不喜欢别人左右自己，对于内向型与独立型的人，更是如此，他们都处处希望自己的事情由自己做主。在可能的情况下，谈判人员应营造一种促进成交的氛围，让对手自己做出成交的决策，而不要去强迫或明显地左右他，以免引起对手的不愉快。配角赞同法的优点是既尊重了对手的自尊心，又富有积极主动的精神，促使对手做出明确的购买决策，有利于谈判成交。但这种方法的缺陷也是明显的，它必须以对手的某种话题作为前提条件，不能充分发挥谈判人员的主动性。运用这种方法时，关键应牢记一个法则，即始终当好配角，不能主次颠倒。按一些有经验谈判人员的办法，可以借鉴四六原则，即谈判人员只懂引导性的发言和赞同的附和，一般占洽谈内容的十分之四；启发对手多讲，一般可占洽谈内容的十分之六。当然，不能忘记，在当配角的过程中，应认真听取对方的意见，及时发现和捕捉有利时机，并积极创造良好的氛围，促成交易。

任务二　商务谈判的签约

任务导入

商务谈判的最后环节是签约。谈判双方经过你来我往多个回合的讨价还价过程后，有经验的谈判者往往善于在关键的、恰当的时刻，抓住对方隐含的签约意向或巧妙地表明自己的签约意向，趁热打铁，促成交易的达成与实现。

相关知识

一、签订合同的程序

（一）合同的概念

我国法律界认为，合同又称为契约，具有广义和狭义两种。广义的合同泛指双方或多方当事人之间订立的发生一定权利、义务关系的协议；狭义的合同专指当事人之间设立、变更、终止民事关系的协议。①合同的法律特征从《民法通则》关于合同的定义中可以看出，合同具有以下法律特征：合同是一种民事法律行为；合同是当事人之间设立、变更、终止民事法律关系的协议；合同是当事人在平等基础上达成的协议。②合同的法律约束力。合同一旦依法成立，在当事人之间便产生如下法律约束力：当事人必须全面地、适当地履行合同中约定的各项义务；合同依法成立以后，除非通过双方当事人协商同意，或者出现了法律规定的原因，可以将合同变更或解除外，任何一方当事人都不得擅自更改或删除合同；当事人一方不履行或未能全部履行合同义务时，便构成违约行为，要依法承担民事责任。另一方当事人有权利请求法院强制其履行义务，并支付违约金或赔偿损失。

（二）合同订立程序

合同的订立程序是指当事人就商务合同内容进行协商并达成一致意见的过程。《合同法》第十三条规定："当事人订立合同，采取要约、承诺方式。"要约是缔约人一方向另一方发出订立合同的提议，并提出合同条件的意思表示，是订立合同的必经阶段。一般来说，要约是一种订约行为。《合同法》第十四条规定："要约是希望和他人订立合同的意思。"可见要约是一方当事人以缔结合同为目的，向对方当事人所作的意思表示。要约，又称为发盘、出盘、发价、出价或报价等。要约在国际贸易实践中称为发盘或出盘，在商业活动中有时也叫发价、出价或者报价。发出要约的一方叫要约人，接受要约的一方或要约所指向的人称为受要约人或相对人（如受要约人作出承诺，则称其为承诺人），简称受约人。

（三）合同订立的原则

合同订立的原则如表6－2所示。

表6－2　合同订立的原则

平等互利原则	平等原则是指合同当事人的民事法律地位平等。要求当事人之间在订立合同时应平等协商，任何一方不得将自己的意志强加给另一方。当事人之间要互利，不得损害对方利益
自愿原则	自愿原则是指当事人依法享有自愿订立合同的权利，任何单位和个人不得干预。当事人在法律规定的范围内，可以按照自己的意愿订立合同，自主地选择订立合同的对象、决定合同内容及订立合同的方式
公平原则	公平原则要求合同双方当事人之间的权利义务要公平合理，要大体上平衡，强调一方给付与对方给付之间的等值性，合同义务的负担和风险的合理分配。在订立合同时，要根据公平原则确定双方的权利和义务。不得滥用权力，不得欺诈，不得假借订立合同进行恶意磋商
诚实信用原则	诚实信用原则是指当事人在订立合同时诚实守信。不得隐瞒事实的真相，诱使对方签订意思表示不真实的合同

二、商务合同的含义

（一）商务合同的含义

商务合同是指当事人在商务活动中为了实现一定目的而设立、变更、终止民事权利义务关系的协议，也称契约。①合同是当事人意思表示一致的结果。当事人意思表示不一致，合同就不能成立，这是订立合同的首要条件，因为合同是属于双方或多方的法律行为。当事人意思表示一致，就是指当事人各方想要达到的目的一致。但并不代表意思表示的一致，在有的合同中当事人的意思表示是对应的。比如，在货物买卖合同中，一方要卖，一方要买，意思表示对应，但买卖双方想转移标的物所有权以取得利益，则是一致的。②合同是合法的民事行为。合同之所以能够发生法律效力，就是由于当事人在订立、履行合同时遵守法律、行政法规，尊重社会公德，不扰乱社会秩序、损害社会公共利益，因而被国家法律所承认和保护。否则，不但得不到国家法律的认可和保护，并且还要承担由此而产生的法律责任。③合同依法成立，就具有法律约束力。依法成立的合同对当事人具有法律约束力，即当事人在合同中约定的权利义务关系就发生法律效力。当事人应当履行自己的义务，任何一方不得擅自变更合同的内容。

（二）商务合同的形式

商务合同的形式是指商务合同当事人达成协议的表现形式。依据《合同法》规定，当事人订立合同可以采取以下几种形式，如表6－3所示。

表6－3　商务合同的形式

合同的形式	解析
书面形式	指商务合同是以合同书、信件和数据电文（包括电报、电传、传真、电子数据交换和电子邮件）等可以有形地表现所载内容的形式进行的。书面合同最大的优点是合同有据可查，发生纠纷时容易取证，便于分清责任。因此，对于关系复杂的合同、重要的合同，最好采用书面形式
口头形式	指商务活动当事人以谈话方式所订立的商务合同。例如，当面交谈、电话交谈等。口头形式的缺点是发生合同纠纷时难以取证，不易分清责任。一般而言，对于不能即时清结的较重要的商务合同不宜采用口头形式
推定形式	当事人未用语言、文字表达其意思，仅用行为向对方发出要约，对方接受该要约，以作出一定或指定的行为作承诺，合同成立。例如，租期届满后，承租人继续交纳房租，出租人接受之，由此可推知当事人双方作出了延长租期的法律行为

实践操作

中国瑞星贸易公司到迪拜与阿拉伯公司谈判纺织品的交易。阿方公司接单后认为需要研究，约定改日上午9：30到香格里拉饭店咖啡厅会面再具体谈。9：20，中方瑞星贸易公司人员如约到香格里拉饭店，在咖啡厅一直等到10：00仍未见到阿方人员。这时，有人建议："走吧。"有人开始抱怨，认为"阿方太过分"，瑞星公司组长说："既已按约到此，就等下去吧。"一直到10：30，咖啡已喝了好几杯，阿方人员才晃晃悠悠地走过来。一见到中方人员，高兴地握手致敬，但未讲一句道歉的话。在咖啡厅，阿方要求中方降价。中方组长没有正面回复，而是说，"按约定，我们9：30来此，已等了一个小时，桌上的咖啡杯数量可以作证。说明我方诚心与贵方做生意，价格不会虚（尽管还有余地）。如贵方有意见，请讲出具体方案来。”阿方代表笑了笑说：“我昨天睡得太晚了，我们认为贵方报价难以接受。”尽管中方做了多方面解释，阿方仍坚持中方降价。中方组长建议双方认真考虑对方意见后再谈。阿方代表沉思了一下，提出下午3：30到他家来谈。下午3：30，中方人员准时到了阿方代表家，并带了几件高档丝绸衣料作礼品，在对方的西式客厅坐下后，阿方代表招来了他的夫人与客人见面，其妻子脸上没有平日阿拉伯妇女佩戴的面罩。中方趁势将礼品给了她，引来赞叹声：“好漂亮。”阿方代表也很高兴，说：“我让她来见你们，是把你们当朋友。”中方随之转入正题。阿方代表让其妻退下，听完了条件后即表示：“不管新条件如何，贵方说研究，就即刻拿出了新条件，我佩服贵方信誉好！”于是，也顺口讲出了他准备的条件。该回合后，双方已基本靠近，中方组长已觉可以成交，但很自然地说：“贵方也很讲信誉，不过还有些差距，怎么办呢？既然来到您的家，我们也不好意思只让您让步，我建议双方同时让步如何？”阿方代表看了中方组长一眼说：“可以考虑，但价格外的其他条件呢？”“我们可以先清理，然后再谈价”中方应道。清理完后，阿方说：“好吧，我们折中让步吧！将贵方刚才讲的价与我方折中成交。”中方说，“这是个好建议。不过结果还不大合我方要求，但我很看重它。我建议贵方同意的折中数与我方刚才的折中成交。”阿方吃吃地笑了：“贵方真能讨价还价，看在你们等我一个小时的诚意上，我同意。”于是，双方握手达成交易。

分析：

1. 如何看待中方对阿方迟到的处理？
2. 如何看待阿方把中方请到家的做法？
3. 阿方最终价格谈判的手法如何？
4. 如何评价双方的最后成交过程？

巩固提升

新自达电子公司的一个客户有个奇怪的习惯，每次业务人员和电子公司谈妥所有条件后，客户公司的经理就会出面要求业务人员再给两个优惠。开始时新自达电子公司还据理力争，想把对方这一要求挡回去，后来打交道多了之后，就干脆在谈判的过程中预期留两项，专门等待对方经理来谈，然后爽快答应，双方皆大欢喜。

问题：

分析新自达电子公司谈判成功的原因是什么？

模块七　国际商务谈判

学习目标

知识目标：

1. 了解国际商务谈判的含义、特点；

2. 了解各国的谈判风格，熟悉谈判的基本原则。

能力目标：

能够运用各种谈判策略解决实际问题，能够熟悉应对各国谈判的技巧。

任务一　认识国际商务谈判

任务导入

随着李刚所在公司业务不断地扩大，公司近期准备开拓国际市场，鉴于李刚在国内业务的表现能力和业绩，公司将这个大项目交给了李刚负责，面对国际市场机遇与挑战李刚应如何应对？

相关知识

一、国际商务谈判的含义

谈判中利益主体的一方，通常是外国的政府、企业或公民（在现阶段，还包括中国的香港、澳门和台湾地区的企业和商人）。另一方是中国的政府、企业或公民。国际商务谈判是对外经济贸易工作中不可缺少的重要环节。在现代国际社会中，许多交易往往需要经过艰难烦琐的谈判，尽管不少人认为交易所提供的商品是否优质、技术是否先进或价格是否低廉决定了谈判的成败，但事实上交易的成败在一定程度上往往取决于谈判的成功与否。在国际商务活动中，不同的利益主体需要就共同关心或感兴趣的问题进行磋商，协调和调整各自的经济利益或政治利益，谋求在某一点上取得妥协，从而使双方都感到有利可得，从而达成协议。所以，我们可以说，国际商务谈判是一种对外经济贸易活动中普遍存在的一项十分重要的经济活动，是调整和解决不同国家和地区政府及商业机构之间不可避免的经济利益冲突的必不可少的一种手段。

二、国际商务谈判的特点

国际商务谈判既具有一般商务谈判的特点，又具有国际经济活动的特殊性，主要表现在以下四个方面。

（一）政治性强

国际商务谈判既是一种商务交易的谈判，也是一项国际交往活动，具有较强的政策性。由于谈判双方的商务关系是两个国家或两个地区之间整体经济关系的一部分，常常涉及两国之间的政治关系和外交关系，因此在谈判中两国或两个地区的政府常常会干预和影响商务谈判。因此，国际商务谈判必须贯彻执行国家的有关方针政策和外交政策，同时，还应注意国别政策，以及执行对外经济贸易的一系列法律和规章制度。

（二）以国际商法为准

由于国际商务谈判的结果会导致资产的跨国转移，必然要涉及国际贸易、国际结算、国际保险、国际运输等一系列问题，因此，在国际商务谈判中要以国际商法为准则，并以国际惯例为基础。所以，谈判人员要熟悉各种国际惯例，熟悉对方所在国的法律条款，熟悉国际经济组织的各种规定和国际法。这些问题是一般国内商务谈判所无法涉及的，要引起特别重视。

（三）要坚持平等互利的原则

在国际商务谈判中，要坚持平等互利的原则，既不强加于人，也不接受不平等的条件。我国是社会主义发展中国家，平等互利是我国对外政策的一项重要原则。所谓平等互利，是指国家不分大小，不论贫富强弱，在相互关系中，应当一律平等。在相互贸易中，应根据双方的需要和要求，按照公平合理的价格，互通有无，使双方都有利可得，以促进彼此经济发展。在进行国际商务谈判时，不论国家贫富，客户大小，只要对方有诚意，就要一视同仁，既不可强人所难，也不能接受对方的无理要求。对某些外商利用垄断地位抬价和压价的行为，必须不卑不亢，据理力争。对某些发展中国家或经济落后的地区，我们也不能以势压人、仗势欺人，应该体现平等互利的原则。

（四）谈判的难度大

由于国际商务谈判的谈判者代表着不同国家和地区的利益，有着不同的社会文化和经济政治背景，人们的价值观、思维方式、行为方式、语言及风俗习惯各不相同，从而使影响谈判的因素更加复杂，谈判的难度更加大。在实际谈判过程中，对手的情况千变万化，作风各异，有热情洋溢者，也有沉默寡言者；有果敢决断者，也有多疑多虑者；有善意合作者，也有故意寻衅者；有谦谦君子，也有傲慢自大、盛气凌人、自命不凡者。凡此种种表现，都与一定的社会文化、经济政治有关。不同表现反映了不同谈判者有不同的价值观和不同的思维方式。因此，谈判者必须有广博的知识和高超的谈判技巧，不仅能在谈判桌上因人而异，运用自如，而且要在谈判前注意资料的准备、信息的收集，使谈判按预定的方案顺利地进行。

小案例

美国石油公司经理的自述："我会见石油输出国组织的一位阿拉伯代表，商谈协议书上的细节问题，谈话时，他逐渐向我靠拢过来，直到离我只有15厘米的地方才停下来。当时，我对中东地区风俗习惯不太熟，我往后退了退。这时，只见他迟疑了一下，皱了皱眉头，随即又向我靠过来。我不安地又退了一步。突然，我发现我的助手正焦急地盯着我，并摇头向我示意，我终于明白了他的意思，我站住不动了。在一个我觉得最为别扭，最不舒服的位置上谈妥了这笔交易。"

阿拉伯代表为什么对美国代表的后退皱起了眉头？美国代表的助手在向他示意什么？在阿拉伯国家，美国商人应习惯于比在美国更近的身体间距。在交谈中，阿拉伯人往往会离你很近地坐或站立，把手放在交谈者的肩上，用手拍你的肩臂或触碰你。而文中的"我"两次退步，是很危险的动作，意味着对阿拉伯人的不尊重。助手的示意：首先向"我"发出焦急的信号，表示我做错了。而后的摇头，指明我不应该退步避开。

三、国际商务谈判的原则

（一）平等性原则

平等是国际商务谈判得以顺利进行和取得成功的重要前提。在国际经济往来中，企业间的洽谈协商活动不仅反映了企业与企业的关系，还体现了国家与国家的关系，相互间要求在尊重各自权利和国格的基础上，平等地进行贸易与经济合作事务。在国际商务谈判中，平等性要求包括以下几方面内容。

1. 谈判各方地位平等

国家不分大小贫富，企业不论实力强弱，个人不管权势高低，在经济贸易谈判中地位一律平等。不可颐指气使、盛气凌人，把自己观点和意志强加给对方。谈判各方面尊重对方的主权和愿望，根据彼此的需要和可能，在自愿的基础上进行谈判。对于利益、意见分歧的问题，应通过友好协商加以妥善解决，而不可强人所难。切忌使用要挟、欺骗的手段来达到自己交易的目的，也不能接受对方强迫性的意见和无理的要求。使用强硬、胁迫的手段，只能导致谈判的最终破裂。

2. 谈判各方权利与义务平等

各国之间在商务往来的谈判中权利与义务是平等的，既应平等地享受权利，也要平等地承担义务。谈判者的权利与义务，具体表现在谈判各方的一系列交易条件上，包括涉及各方贸易利益的价格、标准、资料、方案、关税、运输、保险等。如在世界贸易组织中，国与国之间的贸易和谈判，要按照有关规则公平合理地削减关税，尤其是限制或取消非关税壁垒。谈判的每一方，都是自己利益的占有者，都有权从谈判中得到自己所需要的，都有权要求达成等价有偿、互相受益、各有所得的公平交易。价格是商贸谈判交易条件的集中表现，谈判各方讨价还价是免不了的，但是按照公平合理的价格进行协商，对进出口商品作价应以国际市场价格水平平等商议，做到随行就市，对双方有利。为弥合在价格以及其他交易条件上的分歧，顺利解决谈判中的争执，就需要以公平的标准来对不同意见进行判定，而公平的标准应当是谈判各方共同认定的标准。在谈判的信息资料方面，谈判者既有获取真实资料的权利，又有向对方提供真实资料的义务。谈判方案以及其他条件的提出、选择和接受，都应符合权利与义务对等的原则。谈判者享受的权利越多，相应地需要承担的义务也就越多，反之亦然。

3. 谈判各方签约与践约平等

商务谈判的结果，是签订贸易及合作协议或合同。协议条款的拟订必须公平合理，有利于谈判各方目标的实现，使各方利益都能得到最大程度的满足。签约践约要使“每方都是胜者”，美国学者尼尔伦伯格的这句话充分体现了谈判的平等性要求，可以说是谈判成功的至理名言。谈判合同一经成立，谈判各方须“重合同，守信用”“言必信，行必果”，认真遵守，严格执行。签订合同时不允许附加任何不合理的条件，履行合同时不能随意违约和单方面毁约，否则，就会以不平等的行为损害对方的利益。

（二）互利性原则

在国际商务谈判中，平等是互利的前提，互利是平等的目的。平等与互利是平等互利原则密切联系、有机统一的两个方面。打仗、赛球、下棋的结局通常是一胜一负。国际商务谈判则不能以胜负输赢而告终，要兼顾各方的利益。为此，应做到以下几点。

1. 投其所需

在国际商务活动中进行谈判，说到底就是为了说服对方进而得到对方的帮助和配合以实现自己的利益目标，或者通过协商从对方获取己方所需要的东西。

首先，应将自己置身于对方的立场上设身处地为其着想。将对方的利益看得与自己的利益同样重要，对其愿望、需要与担忧表示理解和同情，富于人情味，建立起情感上的认同关系，从心理上开启对方接纳自己之门。要记住：谈判虽为论理之“战”，然谈判桌上为人所动的是“情”，常常是“情”先于“理”。

其次，要了解对方在商务谈判中的利益要求是什么。谈判的立场往往是具体而明确的，利益却隐藏在立场的后面，出于戒心，对方不会轻易表白，即使显露，也是很有分寸、注意程度的。因而，了解对方的需求，应巧妙地暗探，策略地询问，敏锐地体味“话中之话”，机智地捕捉“弦外之音”。

最后，在对对方有所知的基础上有的放矢地满足其需求。这是前面行为的目的，是最重要的一环。在商务谈判中考虑和照顾对方的利益，会引起对方的积极反应，促进互相吸引、互相推动谈判格局的形成。自己的主动利他之举，能唤起对方投来的注意和关心。谈判各方通常都有在该谈判中努力实现的利益目标，因此，为对方着想就要根据对方的利益目标满足其基本需要。在目标要求不一致的情况下，要尽可能寻求双方利益的相容点而投其所需。此外，还要注意对方非经济利益的需求，如安全感、归属感、自尊感、认同感、荣誉感等，这类需求得到满足，有时会产生某种意想不到的效果，使谈判的实质性问题得到轻而易举的解决，使自己受益无穷。莎士比亚说：“人们满意时，会付高价钱。”高明的谈判者自然明白其中的奥妙。

2. 求同存异

谈判各方的利益要求完全一致，就无须谈判，因而产生谈判的前提是各方利益、条件、意见等存在着分歧。国际商务谈判，实际上是通过协商弥合分歧使各方利益目标趋于一致而最后达成协议的过程。如果因为争执升级、互不相让而使分歧扩大，则容易导致谈判破裂。而如果想使一切分歧意见皆求得一致，在谈判上既不可能也无必要。因此，互利的一个重要要求就是求同存异，求大同，存小异。谈判各方应谋求共同利益，妥善解决和尽量忽略非实质性的差异。这是商务谈判成功的重要条件。

首先，要把谋求共同利益放在第一位。在国际商务谈判中，各方之“同”，是使谈判顺利进行和达到预期目的的基础，从分歧到分歧等于无效谈判。谈判中的分歧通常表现为利益上的分歧和立场上的分歧。参与谈判的每一方都要追求自身的利益，由于所处地位、价值观念及处理态度不同，对待利益的立场也就不同。需要指出的是，谈判各方从固有的立场出发，是难以取得一致的，只有瞄准利益，才有可能找到共同之处。而且，国际商务谈判的目的是求得各方利益之同，并非立场之同。所以，要把谈判的重点和求同的指向放在各方的利益上，而不是对立的立场上，以谋求共同利益为目标。这就是求大同，即求利益之同。

其次，求利益之同难以求到完全相同，只要在总体上和原则上达到一致即可，这是对求大同的进一步理解。求同是互利的重要内容，如果谈判者只追求自己的利益，不考虑对方的利益，不注重双方的共同利益，势必扩大对立，中断谈判，各方均不能有所得。一项成功的商务谈判，并不是置对方于一败涂地，而是各方达成互利的协议。谈判者都本着谋求共同利益的态度参与谈判，各方均能不同程度地达到自己的目的。林肯曾颇有感触地说："我展开并赢得一场谈判的方式，是先找到一个共同的赞同点。"谈判的前提是"异"，谈判的良好开端则是"同"，谈判的推动力和谈判的归宿更在于"同"。

再次，努力发现各方之"同"。国际商务谈判是一种交换利益的过程，而这种交换在谈判结束时的协议中才明确地体现出来。谈判之初，各方的利益要求还不明朗或不甚明朗，精明的谈判者能随着谈判的逐步深入从各种意见的碰撞中积极寻找各自利益的相容点或共同点，然后据此，进一步探求彼此基本利益的结合点。谈判各方利益纵然有诸多相异之处，但总能找到某种相同或吻合之点，否则在一开始就缺乏谈判的基础和可能。为了引导对方表露其利益要求，应在谈判中主动而有策略地说明己方的利益。只要你不表现出轻视或无视对方的利益，你就可以用坚定的态度陈述自己利益的重要性。坚持互利原则内在地包含着坚持自己的利益，只是要把这种自我坚持奠定在对对方利益的认可与容纳的基础之上。忽视、排斥对方的利益和隐藏、削弱自身的利益，都不利于寻求相互之间的共同之处，都会妨碍谈判目标的正常实现。在解释自己的利益时，要力求具体化、生动化、情感化，以增加感染力，唤起对方的关切。在协调不同要求和意见的过程中，应以对方最小的损失换取自己最大的收获，而不是相反。

最后，把分歧和差异限定在合理的范围内。求大同的同时意味着存小异，存小异折射着谈判各方的互利性。绝对的无差异是不现实的，而差异太大就难以互利。就商务谈判而言，"小异"不只是个数量概念，更重要的是有质的含义。其质的要求有两个方面，其一是谈判各方非利益之异，其二是若存在利益上的差异则应为非基本利益之异。这是互利性要求的内在规定，是谈判协议中保留分歧的原则界限。谈判各方的不同利益需要，又可分为相容性和排斥性。属于排斥性的，只要不与上述原则要求相悖，允许存在于谈判协议之中；如是相容性的，则能各取所需，互为补充，互相满足。

3. 妥协让步

在国际商务谈判中，互利不仅表现在"互取"上，还表现在"互让"上。互利的完整含义，应包括促进谈判各方利益目标共同实现的“有所为”和“有所不为”两个方面。既要坚持、维护己方的利益，又要考虑、满足对方的利益，兼顾双方利益，谋求共同利益，是谓“有所为”；对于难以协调的非基本利益分歧，面临不妥协不利于达成谈判协议的局面，作出必要的让步，此乃“有所不为”。谈判中得利与让利是辩证统一的。妥协能避免冲突，让步可防止僵局，妥协让步的实质是以退为进，促进谈判的顺利进行并达成协议。

实践操作

2010 年上海甲公司引进外墙防水涂料生产技术，日本乙公司与中国香港丙公司报价分别为 25 万美元和 20 万美元。经调查了解，两家公司技术与服务条件大致相当，甲有意与丙公司成交。在终局谈判中，甲公司安排总经理与总工程师同乙公司谈判，而全权委托技术科长与丙公司谈判。丙公司得知此消息后，主动大幅度降价至 10 万美元与甲签约。

分析：

1. 如何评论甲公司安排谈判人员的做法？
2. 如何评论丙公司大幅度降价的做法？

任务二　不同国家谈判风格

任务导入

经过一段时间的调查，李刚发现国内市场与国外市场，无论在谈判风格、谈判过程以及谈判策略和技巧上都存在着巨大的差异，李刚认为应根据不同国家的谈判风格和特点采取不同的谈判策略，他面临的任务十分艰巨……

相关知识

谈判风格是指谈判人员在谈判过程中通过言行举止表现出来的、建立在其文化积淀基础上的、与对方谈判人员明显不同的关于谈判的思想、策略和行为方式等的特点。

一、美国商人的谈判风格

美国是当今世界有着最大经济影响力的国家，也是世界上最大的贸易市场。它拥有广阔的领土，丰富的资源，众多的人口，以及高度发达的工商业。众所周知，美国人的性格有几个突出的特点：独立自信、热情坦率、风趣幽默、崇尚法律自由和平等。其实这些性格特点的形成和美国这个国家所处的大环境是分不开的。美国父母从小就注重对孩子自我独立性格的培养和锻炼。大多数美国人长大后是由自己决定未来的人生道路。这就决定了美国人性格中独立的特点。其次，美国的综合实力世界一流，美语是世界大范围内的通用语言，美元是国际结算的首要选择。强烈的民族优越感表现为强烈的自信心。言行举止中就表现着他们的喜怒哀乐，热情、诚挚、诙谐幽默。敢于坦率陈述自己的观点，表明立场态度，敢于就不能接受的提议直言相告。但这种自信有时也体现出他们缺乏对别人的宽容和理解。同时，美国的国情也决定了他们必然会形成高度的竞争意识。一旦松懈，就有可能被这个高速运转的社会淘汰。

（一）美国商人谈判风格

美国商人的谈判风格如表 7－1 所示。

表 7－1　美国商人的谈判风格

自信心强，自我感觉良好	①美国人的自信表现在坚持公平合理的原则，喜欢在双方接触的初始就阐明自己的立场观点，推出自己的方案以争取主动。②也表现在对本国产品的品质优越技术先进性毫不掩饰的称赞，如果你有十分能力就要表现出十分来，千万不要遮掩谦虚，否则被视为无能。③美国人的自信与傲慢还表现在喜欢批评和指责别人
讲究实际，注重利益	美国人做生意时，更多考虑的是做生意所能带来的实际利益，而不是生意人之间的私人交情；非常重视合同的法律性，合同履约率较高，十分注重违约条款的洽商与执行
热情坦率，性格外向	美国人最有代表性的四点特征是：民族性、有活力、勤奋、有创造力。而东方人所推崇的谦虚、有耐心、涵养则可能会被美国人认为是虚伪、客套、耍花招的表现
重合同，法律观念强	美国人重合同和法律，他们认为商业合同就是商业合同，朋友归朋友，两者之间不能混淆
注重时间效率	美国人特别重视珍惜时间，注重工作效率，与美国人约会早到或迟到都是不礼貌的。与美国人谈判，不要指名批评某人，或指责客户公司的某些缺点，也不要把以前与某人有过摩擦的事作为话题，还要避免把处于竞争关系公司的问题披露出来，加以贬抑

（二）如何与美国商人谈判

1. 如何与美国东部地区的商人谈判

东部特别是东北部是美国政治、经济、文化中心，也是早期美国拓荒者首先到达的地区，是美国领土的最初部分和现代文明的发祥地。包括十三个州在内的东部商人，在国际商务谈判中，具有雷厉风行的快节奏和寸利必争、精于讨价还价的技巧。

2. 如何与美国中西部地区的商人谈判

美国中西部的商人，由于地理原因，在性情上传统色彩较浓。他们朴素和蔼，爱好旅游，比较容易交际。与他们交往时，将其看作是朋友会使谈判更加顺利。因此，不能单靠现代化通信手段来进行磋商和交谈，面谈是必要的。此外，打打球、喝杯咖啡也是增进友谊的好方式，可以加强双方之间相互的信任。同中西部商人做生意，运输问题至关重要，由于距海港远，无论是进口还是出口，往往涉及海运与陆运、空运等方式的联合运输。及时交货是合同顺利履行的关键环节，因而没有现货在中西部做生意是很困难的。许多日本企业都在此设有自己的仓库，以便能及时交货。

3. 如何与美国南部地区的商人谈判

美国南部地区商人性格较为保守。企业多以中小型为主，石油是这一地区的主要工业。他们没有东部商人那种时间就是金钱的雷厉风行的作风，节奏相对较慢，同他们建立友谊需要较长的时间。而南部商人的性格大多较为随和，他们不大喜欢那种商业气息浓重的面对面谈判，认为朋友式的促膝而谈更为合适。同他们建立亲密的商业关系虽不容易，但当他们一旦与你建立了这种关系，就会非常珍惜，不会轻易放弃。有人说，当南部商人“以绰号称呼你的时候，生意是绝对跑不掉了”。

4. 如何与美国西部地区的商人谈判

美国西部太平洋沿岸是随着早年的淘金热发展起来的，至今不过百年的历史，是亚洲移民聚居的地区。西部地区的企业历史较短，规模比较小，推销产品时，可以比较容易地见到能够作出决定的高级人员。这一地区没有自己固定的商业习惯，往往仿效东部地区的做法。在这里做生意的外国人有句俗语“多用你的双脚”，意思是说要推销产品必须多跑路，多去访问你的客户，单靠电话联络是不够的。

二、加拿大商人的谈判风格

（一）加拿大人的特点

加拿大人生活习性包含英、法、美三国人的综合特点，他们既有英国人那种含蓄，又有法国人那种开朗，还有美国人那种无拘无束的特点。他们热情好客，待人诚恳。加拿大人比较讲实惠，与朋友相处和来往不讲究过多的礼仪。

（二）与加拿大商人谈判时，应注意的禁忌

（1）送礼禁忌。送的礼品不可太贵重，否则会被误认为贿赂主人。切忌送带有本公司广告标志的物品，他们会误认为不是通过送物品表达友谊，而是在做广告。加拿大人喜欢蓝色，应邀做客时，可带上一束蓝色的鲜花和蓝色包装的礼品。

（2）宴请禁忌。邀请加拿大商人赴宴，切忌请他们吃虾酱、鱼露、腐乳和臭豆腐等有怪味、腥味的食物；忌食动物内脏和脚爪。切忌在自己的餐盘里剩食物，他们认为这是一种不礼貌的行为。另外，他们忌讳“13”这个数字，宴请活动不宜安排在与此有关的日子里。

（三）与加拿大商人谈判的技巧

与加拿大人谈判时应注意如下几个方面。

（1）加拿大商人多属于保守型，不喜欢价格经常上下变动，也不喜欢做薄利多销的生意，喜欢稳打稳扎。

（2）谈话时，切忌把加拿大和美国进行比较，尤其是拿美国的优越方面与他们相比。

（3）切忌询问加拿大客户的政治倾向、工资待遇、年龄以及买东西的价钱等诸如此类的事情，他们认为这些都属于个人的私事。

（4）切忌对加拿大客户说“你长胖了”“你长得胖”由于加拿大商人没闲心锻炼身体所以偏胖，因而说上面那样的话自然带有贬义。因为加拿大为一个冰雪运动大国，因此加拿大人喜欢讨论的话题多与滑雪、滑冰、冰雕、冰球等有关。

三、南美洲商人的习惯与特点

南美洲是指美、墨交界的里约格兰得河以南的国家，官方语言一般为西班牙语，故这一地区又称为拉丁美洲，大多数国家也通用英语。这些国家的商人总的来说，注重礼节和友谊，自尊心很强，且性格开朗，热情友好，在谈话时喜欢和客人靠得很近，他们一般会在开始商务会谈之前安排一些社交活动，目的是要更多地了解客人。一旦和客人互为知己，生意就很好做了。但是他们的通病是企业意识不强，时间上也往往慢半拍，迟到30分钟并不为怪。

拉美人的谈判风格如下所述。

（1）表现出对拉美人风俗习惯信仰的尊重与理解，坚持平等友好互利的原则。

（2）避免谈判中涉及政治问题。

（3）由于各国对出口和外汇管制有不同程度的限制，故要认真调查研究，合同条款写清楚，以免发生事后纠纷。

（4）南美人十分悠闲、乐观，时间观念也较淡薄，假期较多。

（5）合同履约率不高，反复修改，特别不能如期付款。

四、欧洲商人的谈判风格

（一）德国人的谈判风格

德国人有一种名副其实讲效率的声誉，他们有巨大的科技天赋，对理想的追求永不停息。他们企业的技术标准极其精确，对于出售或购买的产品他们都要求最高质量。如果你要与德国人做生意，你一定要让他们相信你公司的产品可以满足交易规定各方面一贯的高标准，在某种程度上，他们对你在谈判中表现的评价取决于你能否令人信服地说明你将信守诺言。

他们在谈判中的几个比较鲜明的特点是：①谈判准备工作充分周到；②非常讲究效率，计划性强，时间观念强；③自信而固执，严谨保守；④崇尚契约，严守信用；⑤严格的交货日期，严格的索赔条款；⑥果断，不拖泥带水；⑦个人关系严肃。

在与德国人进行谈判的时候，一定要让他们相信你们公司的产品可以满足他们要求的一贯高标准，在某种程度上，谈判是否能成功取决于你能否令人信服地说明你将信守自己的诺言。首先，德国人在进行商谈之前肯定要进行充分的专业准备。这种准备不仅针对你要购买或销售的产品，而且也包括你的公司，看你是否可以作为一个潜在可信的商业伙伴，你公司的产品是否可以满足他们的要求。德国人非常擅长商业谈判，他们一旦决定购买就会想尽办法让你让步。德国谈判者经常在签订合同之前的最后时刻试图让你降低价格。他们会对交货日期施加压力，理由是他们自己有极其严密的生产计划，因此你必须保证按时交货，以满足此种生产计划。因此，为了做成生意，你不仅要同意遵守严格的交货日期，可能还要同意严格的索赔条款。德国人很会讨价还价，这并不是因为他们具有争强好胜的个性，而是因为他们对工作一丝不苟，严肃认真。在德国做生意面临一个竞争的环境。谈判者会利用这一事实对你的价格施加压力，他们经常提到潜在的竞争，使你不致忘记这一点。由于他们和你做生意是因为他们目前不能在当地得到你的产品，所以他们会利用其他人的竞争来向你的产品进行挑战。德国谈判者的个人关系是很严肃的，他们希望你也如此。主要表现在对人的称呼、穿着打扮和一些行为的细节上面。比如，如果你在谈判时迟到，那么德国人对你那种不信任的厌恶心理就会溢于言表。

（1）与德国商人谈判注意事项：①重视标准；②讲究效率；③准备充分；④重合同守信用。德国人的谈判风格审慎稳重，让步的幅度一般在20%以内。

（2）与德国商人谈判的技巧：①注重称谓和送礼；②注重谈判的准备、人选及技巧；③德国人喜欢“4”。

（二）英国人的谈判风格

英国是最早的工业化国家，早在17世纪，它的贸易就遍及世界各地。历史上，英国曾经被称为“日不落”帝国，这些都使英国国民的大国意识强烈。他们有很强的民族自豪感，心理上的排外性很浓，看不起别国人。在日常生活中，他们无论说起什么事，总颂扬英国在各个方面的伟大。但英国人的民族性格是传统、内向、谨慎的，对新事物总是裹足不前。从性格上来看，英国人生性内向而含蓄，沉默寡言，不喜欢夸夸其谈。尤其是受过高等教育的人士，表现得很自谦。他们把夸夸其谈视为缺乏教养，把自吹自擂视为低级趣味。尽管从事贸易的历史较早，范围广泛，但是贸易洽商特点却不同于其他欧洲国家。

1. 英国商人的特点

①重礼仪，讲究绅士风度，但不轻易与对方建立个人关系；

②重身份、重等级；

③做成生意的欲望不强；

④重视合同细节，但不能按期履行合同；

⑤忌谈政治，宜谈天气。

2. 与英国商人谈判的技巧

①注重选择谈论的话题；

②注重身份的对等；

③注重遵守时间；

④注意订立合同的索赔条款。

3. 同英国人谈生意有三忌

①不要佩戴有条纹的领带；

②不要以英国皇室的私事作为话题；

③不要直称他们是英国人，要说“大不列颠人”，这样会使他们非常高兴。

（三）法国人的谈判风格

法国人具有良好的社会风范，他们大多受过良好教育，从小就被指点培养各种好的文明习惯。法国人相当注意修饰自己的外表，在正式场合，他们的衣着装饰都相当讲究。当外国谈判者要拜访某位法国人时，最好事先约定并应准时前往。入室前轻声叩门，得到允许才可进入。如有意外事情使你不能按时到达，应通知对方，法国人对迟到的客人是难有等待的耐心。进入房间后，要和所有的人握手。谈判者必须这样做，不能嫌麻烦，假如你想在握手上省点时间，那么以后就会有真正的麻烦等着你，而且分别时谈判者应记住再重复一遍握手礼仪。

1. 法国商人的特点

①热情浪漫，尊重妇女，注重个人之间友谊的建立；

②坚持使用法语；

③个人能力强，决策迅速；

④时间意识对人严，对己松；

⑤注重度假，注重穿着；

⑥重原则、轻细节，偏爱横向谈判；

⑦喜欢框架式谈判，列出一系列的条条框框，找准条框解决问题。

2. 与法国商人谈判的技巧

①尊重法国礼仪；

②切忌打听法国商人的政治倾向、宗教信仰、个人收入及其他个人私事；

③在法国进行商务活动应避开节假日和八月；

④注意合同细节问题的商谈；

⑤利用各种场合、机会与法国人交朋友；

⑥派出与法方对等的人员与之谈判；

⑦派出女性与法方谈判。

（四）意大利人的谈判风格

①崇尚时髦，在商务谈判中，最好不要谈论国体政事；

②意大利人比德国人少一些刻板，比英国人多一份热情，决策过程比较缓慢，对他们使用最后期限策略效果比较好。

（五）北欧商人的谈判风格

北欧主要是指挪威、丹麦、瑞典、芬兰等国家。也称斯堪的纳维亚国家。

①十分讲究文明礼貌，也十分尊重具有较高修养的商人；

②对自己产品的质量非常看重，其产品质量在世界上也是一流的；

③在谈判中十分沉着冷静，即使在关键时刻也不动声色，但他们不喜欢无休止

地讨价还价。

五、俄罗斯人的谈判风格

（一）俄罗斯的商业习俗

1. 商务活动时间

俄罗斯的企业和机关基本上实行每周五天工作日。大多数机关在 9 点上班，18 点下班。所以商务访问、会谈时间定在上午 10 点至 17 点之间，最好是在 13 点至 15 点午餐时面谈。另外，注意不要把商务谈判时间安排在节假日内。在俄罗斯，无论公私单位拜访前都要事先预约时间，不搞“突然袭击”。

2. 饮食习惯

俄罗斯人喜欢饮酒，而且多用伏特加来招待来客。就餐时不要抽烟，俄罗斯人一般不吃过分油腻的菜和食物。在俄罗斯，交往的双方相互熟悉后，才邀对方共进午餐、晚宴，最好在离开俄罗斯前邀请俄方谈判伙伴吃饭。若是应邀访问，应准时到达，给女主人带上花束或糖果。送花只要红玫瑰，花的数目不能送 3 枝。

3. 见面礼遇

俄罗斯商人惯于社交，重视人际关系。见面或道别时要正式握手，有时要拥抱，初次相识就会表现出一股亲切感。会见客户时，要清楚地介绍自己，并把自己的同伴介绍给对方，进入对方的会客室，要等对方招呼后才能就座。若对方招待茶点，在端出茶时要道谢。顺便说一句，在国外谈判时“谢谢”“麻烦了”之类的话多说无损，只能有益。如果谈判人员要吸烟，应视当时的气氛，且须征得对方的同意；要是对方不抽烟，或是在禁烟的场所，就不要抽烟。

4. 赠送礼物

赠送礼物是免不了的事情，而且小小的一点心意可以增加深厚的友谊，更有利于巩固彼此的生意关系，是不宜草率从事的。俄罗斯人特别注重物品的美观及实用，所以礼物的体积不宜太大，实用性要保证。如果俄罗斯伙伴与其夫人一块来拜访你，你要赠送礼物，那么只能以赠送其夫人的名义，千万不要只说赠给这位俄罗斯男士，这样会坏事的，同大部分西方国家习俗一样，女士总是优先考虑的。

（二）俄罗斯商人的特点

1. 固守传统

俄罗斯商人固守传统，缺乏灵活性，喜欢按计划办事。

2. 对技术细节感兴趣

特别重视谈判项目中的技术内容和索赔条款，与俄罗斯人谈判不能随便承诺某些做不到的条件，对合同中的索赔条款也要十分慎重。

3. 善于在价格上讨价还价

对俄罗斯人的报价策略有两种形式：第一种是报出你的标准价格，然后力争做最小的让步；第二种策略是公开在你的标准价格上加上一定的溢价（如15%），并说明这样做的理由是同其做生意所承担的额外费用和风险。

4. 易货贸易

易货是一种好的交易形式，但当交易的商品没有市场时，还不如没有这种交易的好。

（三）与俄罗斯商人谈判的技巧

（1）注重称谓。

（2）讲究交往技巧，建立良好关系。

（3）注重有关礼仪。

（4）注意报价和技术细节以及索赔条款等问题。

六、亚洲商人的谈判风格

（一）日本商人的谈判风格

日本商人的谈判风格如表 7－2 所示。

表 7－2 日本商人的谈判风格

群体意识，集体决策	合作精神、通情达理、体谅别人值得称颂的品德，个人奋斗、刚直不阿、坚持自己的立场
信任是成功合作的重要媒介	①注重建立个人关系； ②不喜欢对合同讨价还价； ③重信誉不重合同； ④中间人十分重要
讲究礼仪，要面子	①重视人的身份地位； ②充分发挥名片的作用； ③对任何事情都不愿意说“不” 保全面子需要注意以下四点： ①千万不要直接指责日本人；

续 表

讲究礼仪，要面子	②避免直截了当地拒绝日本人； ③不要当众提出令他们难堪或不愿回答的问题； ④十分注意送礼方面的问题

（二）韩国商人的谈判风格

（1）重视谈判前的准备。

（2）重视营造良好的谈判气氛。

（3）韩国商人谈判方法多样。

（4）韩国商人善于利用谈判的技巧与策略。

韩国商人比日本人爽快，但在最后一刻，仍会提出“价格再降一点”的要求，在签约时，喜欢用合作对象国家的语言、英语、朝鲜语三种文字签订合同，三种文字具有同等效力。

（三）中东阿拉伯商人的谈判风格

（1）谈判节奏缓慢。

（2）下属人员在谈判中的地位很重要。

（3）代理商的作用不可忽视。

（4）喜欢讨价还价，不还价即买走东西的人，还不如讨价还价后什么也不买的人更受到卖主的尊重。

（5）喜欢图文结合的资料，阿拉伯人不喜欢抽象的介绍说明，更欣赏能看得见，摸得着的东西。注意图片的排列顺序，阿拉伯人是从右往左阅览图片。

（6）宗教习惯的尊重。

（7）避免涉及政治问题，远离女性话题。

七、非洲和大洋洲商人的谈判风格

（一）非洲商人的谈判风格

与非洲商人洽谈时，首先要尊重其礼仪风俗，维护对方的自尊心，力求通过日常的交往增进友谊，为谈判顺利进行创造良好的基础。洽谈时不要操之过急，而应适应其生活节奏，尽量按照其生活习惯，使对方感到我方对其的尊重与关照，增进认同感。谈判中要对所有问题乃至各种术语和概念、条款细节逐一阐明与确认，以免日后发生误解与纠纷，那样既伤了感情，又蒙受损失。

针对南非与其他非洲国家的不同之处，以及我国与南非合作的已有基础，充分利用已在南非建立的企业，加强与发展和南非的经济合作，并以此为据点，绕过各种关税与非关税壁垒，向周围及欧美国家辐射。

（二）大洋洲主要国家商人的谈判风格

（1）不喜欢讨价还价。

（2）注重实际，签约谨慎。

（3）时间观念强。

实践操作

三位日本商人代表日本航空公司和美国一家公司谈判。会谈从早上 8：00 开始，进行了两个半小时。美国代表以压倒性的准备资料淹没了日本代表，他们用图表解说、电脑计算、屏幕显示以及各式的数据资料来回答日方提出的报价。在整个过程中，日方代表只是静静地坐在一旁，一句话也没说。终于，美方的负责人关掉了机器，重新扭亮了灯光，充满信心地问日方代表："请问意下如何?"一位日方代表斯文有理、面带微笑地说："我们看不懂。"

美方代表的脸色一下变得惨白："你说看不懂是什么意思？什么地方不懂?"

另一位日方代表也面带微笑地说："都不懂。"第三位日方代表以同样的方式慢慢答道："当你将会议室的灯关了之后。"

美方代表松开领带，斜倚在墙边，喘着气问："你们希望怎么做?"日方代表同声回答："请你再重复一遍。"

美方代表彻底失去了信心。他们再也没有耐心和精力将长达两个半小时的复杂介绍再重复一遍。最终，美国代表不惜代价、只求达成协议，对日本商人开出的条件做出了极大的让步。

分析：

本案例体现出美国人和日本人在谈判习惯和方式方面的差异。从根源来看，这些差异源于两个国家不同的文化。文化差异直接影响到商务交往的实际效果。

巩固提升

一中国谈判小组赴中东某国进行一项工程承包谈判。在闲聊中，中方负责商务条款的成员无意中评论了中东盛行的伊斯兰教，引起对方成员的不悦。当谈及实质性问题时，对方的商务谈判人员较为激进丝毫不让步，并一再流露撤出谈判的意图。

问题：

1. 从这一案例中，中方谈判人员要吸取什么教训？
2. 结合实际谈谈你对谈判与国际商务谈判的认识。

模块八　商务谈判礼仪与礼节

学习目标

知识目标：

1. 了解商务礼仪的含义和国际商务礼仪的基本原则；
2. 掌握涉外交往中的着装、接待、信函与电话、交谈和宴请等几个方面的礼仪。

能力目标：

1. 掌握涉外交往中的着装、接待和信函等方面的礼仪；
2. 掌握涉外交往中的电话、交谈和宴请等方面的礼仪。

任务一　商务谈判礼仪

任务导入

谈判双方人员具备良好的礼仪是商务活动中不可缺少的素质，也是商务活动取得成功的基本保证。谈判者掌握良好的个人礼仪和主、客座礼仪会给谈判对手留下良好的印象，形成和谐的谈判氛围，使谈判在互相尊重、理解的气氛中进行。

职场中，李刚还应掌握哪些谈判礼仪？

相关知识

礼仪是指在人际交往中，自始至终以一定的、约定俗成的程序和方式来表现的律己、敬人的完整行为。商务礼仪的核心是一系列行为准则，用来约束我们日常商务活动的方方面面，其作用是为了体现人与人之间的相互尊重。我们也可以用一句简单的话来概括商务礼仪，它是商务活动中对人的仪容仪表和言谈举止的普遍要求。

一、商务谈判礼仪的含义及作用

（一）定义

商务谈判礼仪就是人们在商务谈判活动中形成的、约定俗成的惯例和行为规范，是一般常用礼仪在商务谈判活动中的运用。礼仪包括仪式和礼节。

（二）作用

（1）沟通：良好的礼仪容易使人们之间的感情得到沟通，从而建立起良好的人际关系。

（2）树立形象。

（3）协调：可以化解矛盾、消除误会、处理分歧。

二、商务谈判的仪式

（一）迎送礼仪

迎送礼仪包含两方面：一方面，对应邀前来参加商务谈判的人士，在他们抵达或离开时，一般都要安排相应身份的人员前去迎接；另一方面，谈判结束后，要安排专人欢送。重要客商或初次来的客商，要专人迎送；一般的客商、常来的客商，不接也不为失礼。迎送礼仪应该注意：确定迎送规格；掌握抵达和离开的时间；做好接待的准备工作。

（二）交谈礼仪

1. 尊重对方，谅解对方

在交谈活动中，只有尊重、理解对方，才能赢得对方感情上的接近，从而获得对方的尊重和信任。因此，谈判人员在交谈之前，应当调查研究对方的心理状态，考虑和选择令对方容易接受的方法和态度；了解对方讲话的习惯、文化程度、生活阅历等因素对谈判可能造成的种种影响，做到多手准备，有的放矢。交谈时应当意识到，说和听是相互的、平等的，双方发言时都要掌握各自所占有的时间，不能出现一方独霸的局面。

2. 及时肯定对方

在谈判过程中，当双方的观点出现类似或基本一致的情况时，谈判者应当迅速抓住时机，用溢美的言辞，中肯地肯定这些共同点。赞同、肯定的语言在交谈中常常会产生异乎寻常的积极作用。商务礼仪培训中认为，当交谈一方适时中肯地确认另一方的观点后，整个交谈气氛会变得活跃、和谐起来，陌生的双方从众多差异中开始产生一致感，进而十分微妙地将心理距离拉近。当对方赞同或肯定我方的意见和观点时，我方应以动作、语言进行反馈。这种有来有往的双向交流，易于使双方谈判人员感情融洽，从而为达成一致协议奠定良好基础。

3. 态度和气，语言得体

交谈时要自然，要充满自信。态度要和气，语言表达要得体。商务礼仪培训中切忌手势过多，谈话距离要适当，内容一般不要涉及不愉快的事情。

4. 注意语速、语调和音量

在交谈中语速、语调和音量对意思的表达有比较大的影响。交谈中陈述意见要尽量做到平稳中速。在特定的场合下，可以通过改变语速来引起对方的注意，加强表达的效果。一般问题的阐述应使用正常的语调，保持能让对方清晰听见而不引起反感的适中音量。

在商务谈判活动中讲究和遵守交谈礼仪，应该尊重对方，谅解对方；及时肯定对方；态度和气，言语得体；注意语速、语调和音量。

（三）会见礼仪

会见是商务谈判过程中的一项重要活动。身份高的人会见身份低的，或是主人会见客人的会见，一般称为接见或召会。身份低的人会见身份高的，或是客人会见主人的会见，一般称为拜见或拜会。接见与拜会在我国统称为会见。接见或拜见后的回访称为回拜。就其内容来说，会见分为礼节性、政治性和事务性三种，或者三种兼而有之。礼节性会见时间较短，话题比较广；政治性会见一般涉及双边关系，国际局势等重大问题；事务性会见一般指外交交涉、业务商谈等。经济谈判或商务谈判涉及会见问题，是属于业务商谈一类的事务性会见。

会见的准备工作包括要求会见的提出；安排会见地点与座位；迎候等。

注意会见中的介绍礼仪。一般社交场合，在与来宾见面时，通常有两种介绍方式：一是第三者作介绍；二是自我介绍。自我介绍适用于人数多、分散活动而无人代为介绍的时候，自我介绍时应先将自己的姓名、职务告诉来宾。介绍的顺序各国不大一致，我国习惯是年纪大的人在介绍顺序中优先，而西方国家是妇女优先，只有对方是年纪很大的人时才例外，在公开场合一般是职位高者在先。介绍时，应先将来宾向我方人员介绍，随即将我方人员向对方介绍。如对方是我方人员都熟悉的人就只需将我方人员介绍给对方即可。介绍我方人员时，要把姓名、职务说清楚，介绍到个人时应有礼貌地以手示意，不要用手指指，更不要用手拍打别人。介绍时对外宾通常可称“先生”“女士”“小姐”；对国内客人通常可称“同志”“先生”“女士”和“小姐”。在商务谈判场合，应该按照职务的高低进行介绍。

（四）名片礼仪

1. 发名片

交换名片时应起身站立，使用双手或者右手将名片正面对着对方递出。一般情况下名片都有中英文两面，要根据对方所使用的语言来决定名片递出时的方向。将名片递给他人时，应说一些问候语或寒暄语，如“请多关照”“常联系”等，也可以先做自我介绍。在与多人交换名片时，应讲究先后次序：或由近而远，或由尊而卑进行。位卑者应首先把名片递给位尊者。

2. 接受名片

接受名片时应起身，微笑着注视对方，并双手或以右手捧接。接过名片后可以说“谢谢”，随后有一个阅读名片的过程，阅读时可将对方的姓名、职衔念出声来，并注视着对方，使其产生一种受重视的满足感。其后，回敬一张本人的名片，如身上未带名片，应向对方表示歉意。在对方离去之前，或话题尚未结束时，不必急于将对方的名片收藏起来。

3. 索取名片

如何在社交场合与陌生朋友打破僵局，并成功获得他人的名片，主要有以下几种方法。

交换法：名片礼仪中有这样一条惯例，当你接到他人名片的时候，应立即回递一张自己的名片以示尊重，所以要想得到他人的名片，可以先向对方作自我介绍并主动递出自己的名片。

明确法：在交换名片前直接向对方明确交换要求，如“王董事长您好，很高兴认识您，不知道能不能有幸跟您交换一下名片”？一般情况下知礼的人是不会直接拒绝的。

请教法：请教法比较适合向尊长或上级索取名片时使用。如“××您好！早就久仰您的大名，今天您的讲座让我受益良多，今后该如何向您请教呢”？

4. 名片存放

参加商务活动时，要随时准备名片。名片要经过精心的设计，能够艺术地表现自己的身份、品位和公司形象。随身带的名片，最好放在专用的名片包、名片夹里。公文包以及办公桌抽屉里，也应经常备一些名片，以便随时使用。接受他人的名片看过之后，应将其精心存放在自己的名片夹内。

5. 名片的管理

对名片可以采用分类法管理：可以按地域分类，也可以按行业分类，还可以按人脉资源的性质分类。此外，也可以将名片输入商务通、电脑等电子设备中，使用其内置的分类方法。

平时要养成经常翻看名片的习惯。工作的间隙给对方打一个问候电话，或者发一条祝福短信，让对方感觉到你的存在和对他的关心与尊重。

（五）宴请的相关礼仪

宴请的种类和形式较多，但以宴会、招待会、茶会、工作进餐为主。成功的宴请需要成功地组织。一般来说，宴请的组织工作主要包括：确定宴请的目的、名义、对象、范围及形式；确定宴请的时间、地点；发出邀请；订菜；安排席位；布置现场；准备餐具；宴请程序及现场工作等。宴请的相关礼仪主要包括：赴宴礼仪、餐桌上的礼仪。

1. 赴宴礼仪

（1）应邀。接到宴会的邀请，能否出席要根据邀请方的具体要求，尽早、尽快地答复对方，以便主人安排。答复对方时可打电话，也可复以便函。在接受邀请之后，不要随意改动。万一由于特殊情况不能出席，尤其是主宾应及早向主人解释、道歉，必要时要亲自登门表示歉意。应邀出席一项活动之前，要核实宴请的主人，活动举办的时间、地点，是否邀请了配偶以及主人对服装的要求等，以免失礼。

（2）掌握出席时间。出席宴请活动，抵达时间的迟早，逗留时间的长短，在某种程度上反映出对主人的尊重，这要根据活动的性质及有关习惯灵活掌握。迟到、早退或逗留的时间过短，都被视为失礼或有意冷落主人，身份高者可略晚抵达，一般客人应略早抵达，在我国一般正点、提前两三分钟或按主人的要求抵达。确实有事需要提前退席，应向主人说明后悄然离去，或事先打招呼届时离去。

（3）抵达。抵达宴请地点，先到衣帽间，脱下大衣和帽子，然后前往主人迎宾处，主动向主人问好。如果是吉庆活动，应表示祝贺。

（4）入座。应邀出席宴请活动，应听从主人安排，即所谓客随主便。要先弄清自己的桌次座次再入席，不要乱坐。如邻座是年长者或妇女，应主动协助他们先坐下。

（5）进餐。入座后，主人招呼，便开始进餐。

（6）交谈。无论是做主人、陪客或宾客，都应与同桌人交谈，特别是左右邻座，邻座如不相识，可先自我介绍。

（7）祝酒。

（8）宽衣。在社交场合，无论天气如何炎热，不能当众解扣脱衣。小型便宴，如主人请客人宽衣，男宾可脱下外衣搭在椅背上。

（9）喝茶（或咖啡）。通常牛奶、白糖均用单独器具盛放，喝茶或咖啡时如愿意加牛奶、白糖，可自取加入杯中，用小茶匙搅拌，茶匙放回小碟内。喝时用右手拿杯把，左手端小碟。

2. 餐桌上的礼仪

（1）桌次顺序原则：主桌排定之后，其余桌次的高低以离主桌的远近而定，近者为高，远者为低；平行者以右桌为高，左桌为低。

（2）座次顺序原则：面门为上；居中为上；以离门远、离主位近为上，同样远近以主位的右侧为上。主位右侧为主宾位，若主宾身份高于主人，为表示尊重，也可以安排在主人位子上座，而主人坐在主宾位子上。

（3）接待原则：主人站在大厅入口迎接，千万不可报个桌号让客人自己进去。主人要陪同主宾进入宴会主桌，随从人员由接待人员按此安排座位。致辞、祝酒尽量言简意赅，进餐中要掌握好用餐速度，就餐后要热情相送，感谢光临。

（4）赴宴礼节：赴宴时应仪表整洁，穿戴大方，稍作打扮。忌穿工作服、满脸倦容或一身灰尘。男士应刮净胡须，女士要尽量化妆。注意按时赴约。

（5）就餐点菜时可以遵循以下原则。

①点菜。点菜一定是偶数而不能是奇数，5 个、7 个最不礼貌。

②吃东西用筷子送进嘴里，而不要去吸，吃面条是最典型的案例。

③喝汤的时候最好端起来，用勺子去喝，不能出声。

④筷子永远不要插在碗里，对人不礼貌。

⑤不要在盘子里乱翻乱挑。

⑥可以要求服务员或者自己主动给客人们倒水。

⑦用餐文雅，吃的时候应闭嘴细嚼慢咽，不要发出声音。

⑧鱼刺、骨头轻轻吐在自己面前的小盘里，不能吐在桌子上。

⑨敬酒时，杯口要低于对方杯口。如无特殊人物在场，要按序敬酒。

⑩嘴里有食物时，不张口与人交谈；剔牙时，请用手掩口。

⑪别人给倒水时，不要干看着，要用手扶扶，以示礼貌。

⑫给人递水递饭一定是双手。

⑬递刀具给别人要记得递刀柄那一端。

⑭宴会未结束，不可随意离宴，要等主人和主宾先起身离席。

⑮敬酒一定要站起来，双手举杯。

⑯可以多人敬一人，决不可一人敬多人，除非你是领导。

⑰右手扼杯，左手垫杯底，记着自己的杯子永远低于对方。

餐巾、餐具和餐桌前的坐姿和仪态都很重要。身体与餐桌之间要保持适当的距离，太远不易处理食物；太近则易使手肘过弯而影响邻座。理想的坐姿是身体挺而不僵，仪态自然，既不呆板，也不轻浮。在餐桌上一个劲“埋头苦干”的人，比狼吞虎咽更令人感到不快。

知识链接

商务就餐礼仪注意事项

一是就餐人员情况了解，当餐的用餐人是哪些，提前知道很关键，因为你要根据用餐人的档次和身份确定一下自己的穿着是否得体，如果是男士，那西装是最保险的穿着；如果是女士，就很有必要知道用餐人的情况，以免出现当餐都是西装革履、正装的男女人士，你穿着卡通衣服出场就显得有点不合时宜。

二是座次的规定，一般酒店都是以圆桌为主，摆放的餐盘也是以偶数为主，除非你提前告知服务员今天的用餐人数，所以在就座前一定要知道，什么位置坐什么身份的人，如果你是请客人，那就坐在背对着门的位置，一般正对着门的是今晚的主角之一，我们称之为主陪人，坐在主陪人右手边是当餐最重要的贵宾，左手边是次重要的贵宾，其他的位置可以斟酌处理给合适的客人就座。

三是敬酒的顺序，“无酒不成席”是商务酒桌上的惯例，在敬酒时需要格外注意，如果你是坐在不太重要位置的用餐人，一定不要先起头敬酒，要让主陪人和请客人敬酒完后再起身一一敬酒。

四是用餐时的顺序，一般的商务餐桌上都会上一道菜，那就是象征年年有余的鱼，那么这条鱼上桌后，究竟谁应该先吃第一口，也是有很大讲究的，一般都是主陪人或者请客人先请当餐最重要的贵宾尝第一口，然后再依次为其他客人分餐，所以，当鱼上来的时候一定不要先行尝试，避免出现尴尬的局面。

五是倒酒的规定，商务用餐中，对酒水的要求也是比较高的，如果你要敬比你职位、身份高的人的酒，首先你的酒杯一定要是满的，二是一般都是讲究好事成双，你可以连敬两杯，但是对方喝多少是没有要求的。

六是倒茶的注意事项，酒满敬人，茶满赶人，如果你要给比你职位高的领导续茶时，一定要注意茶水不要满杯，不然会被深懂餐桌礼仪的人认为你要赶紧结束本次聚餐，给被人造成不必要的误解。

七是结账事宜，用餐进行到后期时，就要牵扯到结账的事宜，如果你是请客人，建议你提前到收款台查看一下本次用餐的明细账目，提前做好结账工作，因为有可能你请的客人会喝完杯中酒就一起起身离开，到时候你既要亲自送客人上车又要结账，还有可能要先开车送喝醉酒的领导回家，所以建议你提前做好结账工作。

小案例

王先生是国内一家大型外贸公司的总经理，为一批机械设备的出口事宜，携带秘书宋小姐一行赴伊朗参加最后的商务洽谈。王先生一行抵达伊朗的当天下午就到交易方的公司进行拜访，不巧，正遇上他们祷告时间。主任示意他们稍作等候再进行会谈，以办事效率高而闻名的王先生对这样的安排表示不满。东道主为表示对王先生一行人的欢迎，特意举行了欢迎晚宴。秘书宋小姐希望以自己简洁，脱俗的服饰向众人展示中国妇女的精明、能干、美丽、大方。她穿上白色无袖紧身上衣，下穿蓝色短裙，在众人略显异样的目光中步入会场。为表示敬意，主人向每一位中国来宾递上饮料，当习惯使用左手的宋小姐很自然的伸出左手接饮料时，主人立即改变了神色，并很不礼貌的将饮料放在了餐桌上。令王先生一行不解的是，在接下来的会谈中，一向很有合作诚意的东道主没有再和他们进行任何实质性的会谈。

通过案例我们看出王先生和他的秘书这次会谈是很不成功的，因为他们不了解伊朗的禁忌，伊朗是信奉伊斯兰教教规要求每天做五次祷告，祷告时工作暂停，这时他人绝不可打断他们的祷告或表示不耐烦。王先生对推迟会晤表示不满，显然是不了解阿拉伯国家的这一商务习俗。伊朗人的着装比较保守，特别是妇女，一般情况下会用一大块黑布将自己包裹得严严实实，只将双眼露在外面，即便是外国妇女也不可以穿太暴露的服装。宋小姐的无袖紧身上衣和短裙，都是伊朗人所不能接受的。在伊朗左手被视为不洁之手，一般用于洁身之用，用左手递接物品或行礼被公认为一种蓄意侮辱别人的行为。这让我们了解到，出国前最好多查阅有关访问国的资料，了解其特殊的风俗习惯和礼仪，否则会使访问国的主人误以为对他们不尊重，导致整个商务访问活动宾主双方不愉快，甚而彻底失败。

同样，洽谈人员要注意自己的言语举止。关于洽谈语言，要做到既恰当又礼貌。所谓恰当，就是根据谈判需要，该明确时明确，该模糊时模糊。所谓礼貌，就是言语、动作谦虚恭敬，不讲粗话和侮辱人格的话。除了语言礼仪，还有非言语礼仪。非言语礼仪包括目光礼仪、面部表情礼仪、手势礼仪、身体空间礼仪及沉默礼仪。非言语礼仪随着文化的不同而有很大的出入，如“点头”这一动作，在中国、美国和加拿大，表示“同意”。但在保加利亚和尼泊尔，点头表示“不同意”。同日本人讲话时，他们点头仅表示“理解”，并不表示“同意”。洽谈者在洽谈时，好好注意这些礼仪，会使洽谈更加顺利。

用餐小贴士

1. 不宜使用太浓的香水

无论男女，在出席正式场合的时候都会喷香水，但是注意应该以气味清新恬淡的香水为最佳选择，以免过重的香水味盖过食物的味道，影响用餐气氛。

2. 着装切忌太过随意

商务用餐虽然不都是极为正式和隆重的场合，但是谈判人员依然要注意着装上的礼仪，男士应尽量选择西装并应注意整洁，女士尽量不穿长筒靴和戴帽子。

3. 刀叉、餐巾掉在地上时别自己趴到桌下捡回

用餐时如果不慎将餐具掉在地上，千万不要“亲力亲为”，应礼貌地请服务员代劳，并提出补给要求。

4. 食物残渣塞牙缝，不要马上用牙签

这种情况非常常见，但是在餐桌上我们要注意仪态，不能拿起牙签就往嘴里塞，而是应喝点水，试试情况能否改善。如果还是不行，就应该离席到洗手间处理。

5. 菜肴中有异物时，切勿大惊失色地告知邻座的人

自己的饭菜被“加料”，我们难免又惊又怒，但是为了不影响同桌用餐者的食欲，我们要保持镇定，赶紧用餐巾或汤勺等工具把异物挑出来。

6. 切忌在妙语连珠的时候不自觉地挥舞刀叉

在用餐的时候注意保持自己的情绪稳定，失控地指手画脚、挥舞餐具都是非常不礼貌的行为。

7. 不应在用餐时吐东西

用餐的时候如遇到太辣或太烫等食物，不幸“踩雷”了也不能吐出来，而是应该赶快喝下冰水做调适，如果实在无法下咽的话便到洗手间处理。

8. 女士用餐前应先将口红擦掉

女士们都喜欢涂口红，既能打扮自己，又能让整个人变得更加精神。但是我们要注意在餐前把口红擦掉，以免在餐具上留下“烈焰红唇”，给人不洁之感。

任务二　商务谈判礼节

任务导入

经过一段时间的熟悉工作，李刚马上要会见项目的国外负责人，那么见面的礼节有哪些？又应该注意哪些事项呢？

相关知识

一、基本礼节

（1）守时守约：过早抵达，会使主人难堪；迟到，则久候失礼；因故迟到要致歉；因故不能到，要尽早通知。

（2）尊妇敬老。

（3）尊重风俗习惯。

（4）举止：站时，不要将身子斜靠在一边；坐时，不要跷腿；不要躺在沙发上；走路时脚步轻，不和伙伴勾肩搭背；手势不宜过多；不放声大笑或大声喊人；正式场合保持肃静。

二、着装礼节

（一）符合身份

鉴于每一位员工的形象均代表其所在单位的形象及企业的规范化程度，也反映了个人的修养和见识，因此商务人员的着装必须与其所在单位形象、所从事的具体工作相称，做到男女有别、职级有别、身份有别、职业有别、岗位有别，即“干什么，像什么”。如此，才会使商务人员的着装恰到好处地反映自身的素质，反映企业的形象。

（二）扬长避短

现实生活中，每个人的高矮胖瘦都不同。商务场合着装强调扬长避短，但重在避短不在扬长。例如，一位身材很好的女士，紧身上衣配迷你裙，但是这样的着装不适宜商务场合，商务场合还是穿职业套装为好，这就是重在避短不在扬长；如果女士的腿不直，则可以选择裤装。这就是扬长避短。

在日常工作与生活中，商务人员的着装应当因场合不同而异，以不变应万变显然大为不妥。在不同的场合商务人员应该选择不同的服装，以此来体现自己的身份、教养与品位。一般而言，商务人员所涉及的诸多场合有三：公务场合、社交场合、休闲场合。

1. 公务场合

所谓公务场合是指执行公务时涉及的场合，它一般包括在写字间里，在谈判厅里以及外出执行公务等情况。公务场合着装的基本要求为注重保守，宜穿套装、套裙，以及穿着制服。除此之外还可以考虑选择长裤、长裙和长袖衬衫。不宜穿时装、便装。必须注意在非常重要的场合，短袖衬衫不适合作为正装来选择。

2. 社交场合

对于商务人员而言，所谓社交场合是指工作之余在公众场合和同事、商务伙伴友好地进行交往应酬的场合。虽然这些场合不是在工作岗位上，但往往面对的是熟人。社交场合着装的基本要求为时尚个性，宜穿着礼服、时装、民族服装。必须强调在这种社交场合一般不适合选择过分庄重保守的服装，比如，穿着制服去参加舞会、宴会、音乐会，就往往和周边环境不大协调了。

3. 休闲场合

所谓休闲并不等于休息，这里的休闲是指在工作之余一个人单独自处，或者在公共场合与其他不相识者共处的时间。休闲场合着装的基本要求为舒适自然。换言之，只要不触犯法律，只要不违背伦理道德，只要不有碍他人的身体安全，那么商务人员的穿着打扮可以完全凭个人喜好。一般而论，在休闲场合，人们所适合选择的服装有运动装、牛仔装、沙滩装以及各种非正式的便装，比如 T 恤、短裤、凉鞋、拖鞋等。而在休闲场合，如果身穿套装、套裙，往往会贻笑大方。

（三）男士服饰礼节

（1）一般穿西装，休闲西服穿着随便，精致西服需上衣、背心、裤子同一面料不可卷袖。面料以挺括的毛料为主，麻料也可。颜色以黑色为主，灰色为次。衣长要过臀部，标准尺寸为从脖子到地面的 1/2，袖子到拇指 11 厘米；衬衫领口略高于西服领口 1.5 厘米 ~2 厘米。裤长不露袜子，裤脚不卷边。左胸处口袋里插手帕起装饰作用；上衣左右设内口袋装重要物件；西裤右后袋放手帕；左后袋有纽扣放钱包。

（2）衬衫颜色：白色、浅蓝色为主，灰、绿、黑亦可，多为单一颜色；面料以纯毛、纯棉为主，需为长袖。

（3）细节：皮鞋、皮包、皮带三色应一致；领带应尽可能简洁；鞋子应光亮有型；袜子应着深色；正式场合西服扣一定要扣上。

（四）女士服饰礼节

（1）忌过分裸露、过分透薄、过分瘦小、过分艳丽。

（2）西服套裙颜色：以黑色、藏青、灰色、暗红色为主，方格、条纹、暗花也可以。

（3）衬衫：与套装相匹配；丝绸面料或纯棉面料。

（4）袜子：穿裙子要配长筒袜或连裤袜，以肉色、黑色为主；不在公共场合整理袜子；袜口不要露在裙摆外面。

（5）皮鞋：鞋跟 3 厘米 ~4 厘米高，黑色、灰色、暗红色为主，尽量不穿白鞋。

（6）手提包：皮革制，黑色、棕色、暗红色为主，钱包颜色应与鞋匹配。

（五）吸烟

（1）在某些公共场合不得吸烟，如剧院、博物馆、会议室等。

（2）在某些场合区分吸烟区与非吸烟区。

（3）工作、参观、谈判中一般不吸烟或少吸烟，不在大街上边走边吸。

（4）新到一个地方或进入私人住宅，先询问主人是否可吸烟，如有女性在场，也要征询意见。

（5）如在场人较多，或身份高的人都不吸烟，则最好不吸烟。

三、会面时的礼节

（一）自我介绍

在商务场合有必要主动与他人认识并进行商务联络时应该进行自我介绍。自我介绍的内容包括自己的姓名、公司名称及职务，对于重要的、与双方合作关系密切的内容用一两句话做出说明就可以了。在介绍时应避免夸张、自负的言辞，能够引起话题就是一个良好的开始。

向他人介绍自己时应表现出良好的风度。保持微笑、态度诚恳、自然、大方，才会使人感到亲和、可信任，产生进一步交往的愿望。

有些特殊情况也需要进行自我介绍，如当你参加某个活动或会议，组织者由于疏忽忘记把你介绍给大家时，或者曾经打过交道的人明显认不出你时，都需要从容地进行自我介绍。

（二）为他人介绍

先后有序，按照国际惯例，介绍时尊者有优先知情权。即被介绍的双方中位置较高、更受尊重的人应该首先知道对方的情况。根据这项礼仪原则，我们总结出在不同情况下的介绍规律。

①向职务高的人介绍职务低的人；

②向客户介绍自己的同事；

③向长辈介绍晚辈；

④向年长者介绍年幼者；

⑤向女士介绍男士；

⑥向已婚女性介绍未婚女性。

商务礼仪不同于社交礼仪，谁是“尊者”的第一判断应该首先基于职务而非年龄及性别等因素。

（三）介绍技巧

介绍就像穿针引线，应该脉络清楚，切忌啰唆和重复，影响现场的气氛。介绍他人时切勿直呼其名，最好加上尊称或者职务，如先生、夫人、博士、经理、律师等。介绍完毕后，花一点时间引导双方攀谈和沟通会使介绍过程更加自然，并且双方都会感觉你非常周到、体贴。如果其中有媒体人士，要清楚地告知对方。这一点在比较敏感的人群中要格外注意。

作为介绍人，你自己的状态决定了整个介绍过程的氛围。欢快、融洽的气氛有助于介绍之后的进一步交流。介绍过程中如果有个别的失误，不要回避，自然、幽默地及时更正是明智、从容的表现。

（四）握手礼节

两人相向，握手为礼，是当今世界最为流行的礼节。不仅熟人、朋友，连陌生人、对手都可能握手。握手常常伴随寒暄、致意，如你（您）好、欢迎、多谢、保重、再见等。握手礼含义很多，视情而定，分别表示相识、相见、告别、友好、祝贺、感谢、鼓励、支持、慰问等不同意义。

1. 握手的次序

与人握手，必须注意伸手的先后顺序。一般来说，长者、尊者与年幼、晚辈，应由长者、尊者先伸手；上级与下级，由上级先伸手；学生与老师，由老师先伸手；女士与男士，由女士先伸手，如女士不伸手，无握手之意，男士点头致意即可；已婚者与未婚者，由已婚者先伸手。社交场合，先到者与后到者，由先到者先伸手；客人到达，主人主动握客人的手；客人告辞，则客人先伸手。当然对这些基本规矩，还要视具体情况而定，例如，领导者到基层视察，群众会争先恐后与之握手，领导者就应该尽量满足。

一人需与多人握手时，要遵循由尊而卑的顺序。社交、休闲场合，握手次序主要考虑年纪、性别等因素，年长者和女士为先；而公务场合，则更看重身份、职务，职务高者为先。同时，与人握手要注意与对方互动。伸手过早，有时可能会陷于被动；过迟，则显得高傲无礼。

2. 握手的方法

与人握手，双方应相向而立，距离约60厘米。过远，会显得生疏；过近，则会感到拥挤。握手时，上身微微前倾，头微低，右手伸出时，四指并拢，拇指上仰，手掌与地面垂直，目视对方，神情专注，面带笑容，向对方致意。掌心向上，表谦恭；掌心向下，有轻慢之嫌。与亲密朋友握手，虎口契合，可适当用力，上下抖动（非左右摆动）。如果伸手无力，手指僵硬，不握对方手掌，只触及对方手指，则是轻慢对方。男女相握，只握四指，不可契合太紧，力量要小些。

双手与人相握，常见于至亲之间；有要事拜托对方，除右手外，再加左手，盖住对方右手。握手时，用左手扶对方右手腕，或对方右肩膀，表示关心、信赖；握手与拥抱或贴面礼连续进行，其含义更加深沉、热烈。握手时应脱帽，但因天冷不能脱帽时，可用左手将帽檐往上轻轻一抬。握手时间一般掌握在3~5秒，而久别重逢，可适当延长些时间。

3. 握手的禁忌

握手忌讳不看时机和场合，如正在打电话，或刚从厕所出来，就不可上前握手。握手时不可敷衍、东张西望，或跟甲握手，又同乙打招呼。除残疾者外，一般不用左手相握，特别是信奉伊斯兰教的人们，认为左手不洁，更忌讳使用左手。男士不可戴手套或用不洁、出汗之手与人相握。女士若着长纱手套，不必脱手套握手。穆斯林妇女不与男人握手，男士如果想与其打招呼，点头致意即可。

与西方人士握手时，避十字交叉，因为容易让人想起墓地上的十字架。戴墨镜与人握手时，要把墨镜摘下。军人着军服与人握手时，可戴手套，也不必摘帽子，不过，国际流行的惯例是，应先行军礼，再握手。握手时，不可左手持物或将左手插在裤袋里。一般情况下，坐着与人握手，是不礼貌的，除长辈外，握手时都应起立。忌双手长时间紧握别人手不放，问候、寒暄没完没了。见面与告辞时，不要跨门槛握手。与人握手后，避免立刻用纸巾、手绢擦手或洗手。握手时，避免嘴里有食物或吸烟。拒绝与人握手比较罕见，要慎重处置。外交谈判、提抗议，即使进行了激烈争吵，也应握别。

握手礼起源

起源说一：

握手礼起源于刀耕火种的原始社会。那时在狩猎和部落间的纷争冲突中，使用的武器是石块和棍棒。当不同部落里的人相遇时，如果双方都怀有善意，便伸出一只手来，掌心朝前，向对方表示自己手中没有武器；走近之后，两人互相抚摸右手，以示友好。由此沿袭变化，便成为人际交往中最常用的握手礼节。

起源说二：

握手之礼起源于中世纪的欧洲。而当时恰是身着戎装的骑士侠客盛行的时代，一个个头顶一顶铜盔，身披一身铠甲，腰挂一柄利剑，就连一双手也罩上了铁套，方以示人，这身豪气，让人敬而远之。可见了亲朋好友怎能还这般冰冷待人，于是免去铜盔，脱下铁套，与之握手，同时表示我的右手不是用来握剑杀你的，这也是握手之起源。

（五）递交名片礼节

名片是一个人身份的象征，当前已成为人们社交活动的重要工具。

1. 名片的作用

（1）介绍自己，节省时间。

（2）结交他人。

（3）保持联系。

（4）通报变更。

（5）可以不与他人见面就与他人相识。

2. 名片礼节

（1）名片放在易于掏出的口袋或皮包里。

（2）用双手或右手递名片。

（3）用双手接名片，并认真看一遍。

（4）名片应放在西服左胸的内衣袋里或名片夹里，以示尊重。

（5）谈判前交换或谈判后交换皆可。

（6）名片上要有两国文字。

四、商务谈判中的交谈礼节

（1）注意自身形象：表情、态度要自然；距离远近适当；不拉拉扯扯。

（2）交谈中的手势要适当，眼神要礼貌；不用手或尺子、笔指人。

（3）插入别人谈话时要打招呼；别人说话不要旁听；等别人说完，自己再说话；谈话中需要离开，要致歉。

（4）交谈现场如超过三人，应不时与其他所有人交谈。

（5）交流注意事项：双方都要交流；注意谈话内容；不涉及个人隐私；使用礼貌用语；不高声辩论，不恶语伤人；女士说话，男士一般不加入；男不与女争论，不随便开玩笑。

五、拜访接待礼节

（一）遵约守时

约定即承诺，不兑现承诺是缺乏诚信的表现，也是商务来往中最忌讳的行为。守时是职业的表现，一个对时间管理没有概念的人，会令人怀疑其职业成熟度。

商务拜访必须提前预约。对于拜访者来说，提前预约可以避免要拜访的人不在或者因对方没有充分的准备而使拜访收效甚微；对于受访者来讲，接到预约可以合理地安排好自己的时间，并充分做好访谈准备，避免仓促应对，出现差错。预约可以采用电话或书信的形式。一旦双方约定好，就一定要遵守。如果你答应了某个预约，但是有更加重要的事情要处理，应该在第一时间，采取与预约时相同的（电话或书信）方式向对方说明情况，更改约定的时间。有时遵约要以事情的轻重缓急和对公司影响的大小来区别对待。总之，除非有更重要或者意外的事情发生，否则没有理由爽约。随意爽约是非常损害职业形象的行为，一般来讲，很难有更正和弥补的机会。

（二）进门后的三分钟

在进入对方公司前应先整理自己的着装，夏天，应及时擦掉汗水，以最佳的形象、最从容的姿态进行商务拜访。随后检查自己的资料是否带齐，并将手机调到振动或者关机状态。

进门时应用食指轻叩房门，即使对方的房门是开着的，也不应擅自进入。如果对方有前台或专职接待人员，应向其递交名片，并说明自己已经预约人员的职务及姓名，听从接待人员的安排进入接待室或者被引入受访者的办公室。进入对方公司时应尊重其办公环境——非礼勿视、非礼勿听、非礼勿言、非礼勿动，更不能随意吸烟。如果被引入接待室等待，应向引领人员表示谢意，在得到对方允许后方可就座。公文包可放在自己背后或者脚边，外套等物品应该征求对方意见看是否有合适的地方放置。在等待的过程中可以看自己的文件，思考拜访的问题，但是不能随意走动，否则对方工作人员会认为你有些散漫，留下不好的印象。见到要拜访的人员时应主动递交自己的名片，再次说明来访的事由和目的，但是要掌握节奏，等待对方主动握手，双方恰如其分的身份表现才能使访谈有一个良好的开端。

（三）离别时的几件事

即将离别时，不要毫无征兆地忽然起身告辞，之前应有些许示意，如把茶杯的杯盖盖好，把咖啡杯稍稍推移开，轻轻地收起自己的文件，或者把对方的名片放进名片夹等。迅速看表或者快速地收拾公文包，会给受访者带来不重视此次拜访或者此行不愉快的印象，容易造成误解。离别应该由拜访者提出，拜访者先起身并伸手向受访者道别。如果由主人先起身并主动握手告别，会有逐客之嫌。

拜访者应该真诚地向受访者表示感谢，如“感谢百忙之中接受我的拜访”。向外走时，对遇到的、有眼神接触的工作人员应微笑点头致意，对引领过自己的接待人员可以简单地说声“谢谢”以示礼貌。对方送行时应该请对方留步，如果受访者执意送别，走到电梯门口或者对方的办公区门口时应该再次请对方留步，并再次握手与对方道别。

（四）接待3S

3S是指Stand up，Smile，See（eye－contact），即起立、微笑、目视对方（眼神的接触）。当客户到达时，如果接待人员或者约见的商务人士仍然深陷在座椅中，面色凝重，根本不看对方的眼睛，那样就会给客人造成困惑！这样的商务交往无疑从开始就为失败埋下了伏笔。

（1）Stand up（起立），用身体语言表示欢迎之意，起立是最基本的礼貌。

（2）Smile（微笑），微笑的魅力总是无穷的，当客户到达时，微笑的表情会把欢迎和欣喜之意无言地传递给对方。

（3）See（目视对方），如果你起身、微笑，却不看着对方，那么客人未必会觉得你之前的动作与他无关。通过眼神才能真正把你的诚意传达给对方。

（五）商务送客

（1）在办公室道别。在办公室道别要由来宾先提出，当来宾提出告别时，主人应当在对方起身之后再站起来。宾主双方握手道别时，应由客人先伸手，主人随后伸手。

如果与对方常有来往，主人可以送到办公室门口或电梯门口；如果对方是初次来访，主人应该适当送远些，至少由接待人员送至办公区域之外。

（2）设宴饯别。设宴饯别是指主人为来宾专门举行一次饯别宴会，这是对外地客人常用的送别方式。饯别宴可以视对方的情况和饮食喜好来安排，一切应该以客人为主。

（3）饯别时间。一般选择在客户离开的前一天。主人应该预约来宾的时间，并以来宾的时间为主，不要打乱对方的行程安排或者影响到对方休息。

（4）人员选择。参加饯别宴的人员应该选择与客户身份、职位相似者以及相关部门的工作人员。

（5）饯别时的话题。饯别并不是以吃饭为主，有些话题是主人应该提到的。如主人可以谈及此次商务会面的深刻印象，以表达惜别之意；询问来宾此行的意见或建议；问候来宾有无需要帮忙的事情等。

（6）送上公司的纪念品。在饯别宴的适当时机，应将精心准备的纪念品送给客户，以表示主人的热情。

商务谈判中的沟通礼仪

1. 积极的心态

以开放的心态积极参与和来自各国的生意人交往的机会，包括社交活动跨国经贸活动具有高风险、高收益的特征，交易双方都很注重降低交易成本。与国内贸易相比，大家在国际贸易中更加愿意与熟人做交易，因此一旦了解对方的文化背景，来自沟通障碍的风险就会显著降低，生意成功的概率也就大幅度提高。除了在专业院校学习外，向多年从事对外贸易的业内人士学习是一条捷径。如果对外贸易的数额较高，则有必要抽出时间系统地了解贸易伙伴。这篇谈国际商务谈判中的跨文化问题及沟通技巧的关键词是国际商务，谈判跨文化问题，沟通技巧，国的文化、语言和习俗等。

2. 参加一些跨文化的培训

一些国际知名商学院等机构有国际沟通和商务谈判的课程培训。除了系统介绍有关知识外，学员来自不同的国家，参与者能够接触彼此的价值观和文化传统，增进相互的了解。还可以向专业谈判方面的咨询公司求助，提高跨文化谈判的效率。

3. 区分谈判者个性和其他非文化因素的影响

在交往中过度强调文化的差异反而有可能冒犯对方，被认为是不懂得国际惯例的生手。人们的行为还受到一些非文化因素的影响，如法律和知识。在实际交往过程中应对此加以区分，以免误解对方。

4. 以积极和开放的心态吸收外国文化中有益的内容，为自己所用

每个国家的文化形成都具有其特定的社会范围，仔细分析各种文化的成分并兼收并蓄，将有利于拓展商务交往。

六、接打电话礼节

（一）重要的第一声

当打电话给某单位，若一接通，就能听到对方亲切、优美的招呼声，心里一定会很愉快，使双方对话能顺利展开，对该单位有了较好的印象。在电话中只要稍微注意一下自己的行为就会给对方留下完全不同的印象。同样说："你好，这里是××公司。"但声音清晰、悦耳、吐字清脆，给对方留下好的印象，对方对其所在单位也会有好印象。因此要记住，接电话时，应有"代表单位形象"的意识。

（二）要有喜悦的心情

打电话时要保持良好的心情，这样即使对方看不见你，但是从欢快的语调中也会被你感染，给对方留下极佳的印象，由于面部表情会影响声音的变化，所以即使在电话中，也要抱着"对方看着"的心态去应对。

（三）清晰明朗的声音

打电话过程中绝对不能吸烟、喝茶、吃零食，即使是懒散的姿势对方也能够"听"得出来。如果你打电话的时候，弯着腰躺在椅子上，对方听你的声音就是懒散的、无精打采的，若坐姿端正，所发出的声音也会亲切悦耳，充满活力。因此打电话时，即使看不见对方，也要当作对方就在眼前，尽可能注意自己的姿势。

（四）迅速准确的接听

现代工作人员业务繁忙，桌上往往会有两三部电话，听到电话铃声，应准确迅速地拿起听筒，最好在三声之内接听。电话铃声响一声大约 3 秒钟，若长时间无人接电话，或让对方久等是很不礼貌的，对方在等待时心里会十分急躁，也会给他留下不好的印象。即便电话离自己很远，听到电话铃声后，附近没有其他人，应该用最快的速度拿起听筒，这样的态度是每个人都应该有的，这样的习惯是每个办公室工作人员都应该养成的。如果电话铃响了五声才拿起话筒，应该先向对方道歉，若电话响了许久，接起电话只是“喂”了一声，对方会十分不满，会给对方留下恶劣的印象。

（五）认真清楚的记录

随时牢记 5W1H 技巧，所谓 5W1H 是指：When（何时）、Who（何人）、Where（何地）、What（何事）、Why（为什么）、How（如何进行）。在工作中这些资料都是十分重要的。对打电话，接电话具有相同的重要性。电话记录既要简洁又要完备，则有赖于 5W1H 技巧。

（六）了解来电话的目的

上班时间打来的电话几乎都与工作有关，公司的每个电话都十分重要，不可敷衍，即使对方要找的人不在，切忌只说“不在”就把电话挂了。接电话时也要尽可能问清事由，避免误事。首先应了解对方来电的目的，如自己无法处理，应认真记录下来，委婉地探求对方来电的目的，就可不误事而且赢得对方的好感。

（七）挂电话前的礼貌

要结束电话交谈时，一般应当由打电话的一方提出，然后彼此客气地道别，说一声“再见”，再挂电话，不可只管自己讲完就挂断电话。

接听电话不可太随便，得讲究必要的礼仪和一定的技巧，以免横生误会。无论是打电话还是接电话，我们都应做到语调热情、大方自然、音量适中、表达清楚、简明扼要、文明礼貌。

（1）及时接电话。一般来说，在办公室里，电话铃响 3 声之前就应接听，6 声后就应道歉：“对不起，让你久等了。”如果受话人正在做一件要紧的事情不能及时接听，代接的人应代为解释。如果既不及时接电话，又不道歉，甚至极不耐烦，就是极不礼貌的行为。尽快接听电话会给对方留下好印象，让对方觉得自己被看重。

（2）确认对方打来电话，对方一般会自己主动介绍。如果没有介绍或者你没有听清楚，就应该主动问：“请问您是哪位？我能为您做什么？您找哪位？”但是，人们习惯的做法是，拿起电话听筒盘问一句：“喂！哪位？”这在对方听来，陌生而疏远，缺少人情味。接到对方打来的电话，您拿起听筒应首先自我介绍：“你好！我是某某某。”如果对方找的人在旁边，您应说：“请稍等。”然后用手掩住话筒，轻声招呼你的同事接电话。如果对方找的人不在，您应该告诉对方，并且问：“需要留言吗？我一定转告！”

（3）讲究艺术接听电话时，应注意使嘴和话筒保持 4 厘米左右的距离；要把耳朵贴近话筒，仔细倾听对方的讲话。最后，应让对方自己结束电话，然后轻轻地把话筒放好。不可“啪”的一声扔回原处，这是极不礼貌的行为。最好是在对方之后挂电话。

（4）调整心态。当您拿起电话听筒的时候，一定要面带笑容。不要以为笑容只能表现在脸上，它也会藏在声音里。亲切、温情的声音会使对方马上对我们产生良好的印象。不能绷着脸，声音会变得冷冰冰。打、接电话时不能叼着香烟、嚼着口香糖；说话时，声音不宜过大或过小，吐字清晰，保证对方能听明白。

（5）左手接听电话便于随时记录有用信息。

知识链接

接听电话留言要素

致：即给谁的留言。

发自：谁想要留言。

日期：最好也包括具体时间。

记录者签名：有助于寻找线索，或弄清不明白的地方。

内容。

附：礼貌用语

1. 您好！这里是×××公司×××部（室），请问您找谁？

2. 我就是，请问您是哪一位？……请讲。

3. 请问您有什么事？（有什么能帮您？）

4. 您放心，我会尽力办好这件事。

5. 不用谢，这是我们应该做的。

6. ×××同志不在，我可以替您转告吗？（请您稍后再来电话好吗？）

7. 对不起，这类业务请您向×××部（室）咨询，他们的号码是……。（×××同志不是这个电话号码，他（她）的电话号码是……）

8. 您打错号码了，我是×××公司×××部（室），……没关系。

9. 再见！（与以下各项通用）

10. 您好！请问您是×××单位吗？

11. 我是×××公司×××部（室）×××，请问怎样称呼您？

12. 请帮我找×××同志。

13. 对不起，我打错电话了。

14. 对不起，这个问题……，请留下您的联系电话，我们会尽快给您答复好吗？

实践操作

中国某企业与德国某公司洽谈某种产品的出口业务。按照礼节，中方提前 10 分钟到达会议室。德国客人到达后，中方人员全体起立，鼓掌欢迎。德方谈判人员男士个个西装革履，女士个个都身穿职业装；反观中方人员，只有经理和翻译身穿西装，其他人员有穿夹克衫的，有穿牛仔服的，更有甚者穿着工作服。现场没有见到德方人员脸上出现期待的笑容，反而显示出一丝的不快。更令人不解的是，预定一上午的谈判日程，在半个小时内就草草结束，德方人员匆匆而去。

分析：

从中方人员提前 10 分钟来到会议室，可以看出中方还是比较重视这次谈判的，并且在德方人员到达时全体起立，鼓掌欢迎，这些并没有问题。但实际上一见面德方人员就不愉快，其原因在中方代表的着装上，因中方代表着装混乱，在德方看来，中方不重视这次谈判，因此心中产生不快，只好匆匆结束谈判。

商务谈判礼仪一方面可以规范自己的行为，表现出良好的素质修养；另一方面可以更好地向对方表达尊敬、友好和友善，增进双方的信任和友谊。因此要求商务谈判人员应从自身的形象做起，在商务活动中给人留下良好的第一印象。

巩固提升

李红是某高职国际贸易专业的毕业生，就职于某大公司销售部，工作积极努力，成绩显著，三年后升职任销售部经理。一次，公司要与美国某跨国公司就开发新产品问题进行谈判，公司将接待安排的重任交给张先生负责，张先生为此也做了大量的、细致的准备工作，经过几轮艰苦的谈判，双方终于达成协议。可就在正式签约的时候，客方代表团一进入签字厅就转身拂袖而去，是什么原因呢？原来在签字厅时，张先生错将美国国旗放在签字桌的左侧。项目告吹，张先生也因此被调离岗位。

问题：

请你分析是什么原因造成张先生无法签订合约？有哪些启示？

参考文献

［1］庞爱玲．商务谈判［M］．大连：大连理工大学出版社，2012.

［2］杨群祥．商务谈判［M］．北京：高等教育出版社，2013.

［3］胡海．商务谈判实务［M］．北京：北京邮电大学出版社，2012.

［4］张志．国际商务谈判（国际经济与贸易类）［M］．大连：大连理工大学出版社，2008.

［5］陈文汉．商务谈判实务［M］．北京：清华大学出版社，2014.

［6］白远．国际商务谈判［M］．北京：中国人民大学出版社，2013.